AF131117

d

Anaïs Barbeau-Lavalette

SIE UND DER WALD

ROMAN

Aus dem Französischen von
Anabelle Assaf

DIOGENES TAPIR

Titel der Originalausgabe: ›Femme forêt‹
Copyright © Les Éditions Marchand de feuilles, 2021
(Première édition)
Copyright © 2023 Éditions Jean-Claude Lattès
(Nouvelle édition: mai 2023)
Covermotiv: Design by Diogenes Verlag
© Diogenes Verlag

Der Diogenes Verlag wird vom Bundesamt für Kultur
für die Jahre 2021–2024 unterstützt

Take care.

C2C SILBER
drucksinn.at

www.diogenes.ch/tapir

Ich will das Draußen sein, ohne Umrisse, ohne Grenzen, ohne jede Beschränkung. Die Decken sind zu niedrig und die Wände zu eng.

Ich betrachte all die Leben, die ich vorbeiziehen lasse ohne mich.

Sie rufen nach mir, also öffne ich die Fenster. Durch mein Haus geht ein leichter Wind.

Ich stecke fest zwischen Innen- und Außenwelt.

An windigen Tagen frage ich mich, ob meine Wurzeln halten werden.

Ob mich nicht ein Sturm aus der Erde reißen wird, auf der meine Kinder laufen lernten.

Ob ich in der Lage sein werde, zu bleiben.

Ich entdecke einen Splitter unter meiner Haut. Das Andenken eines Waldes.

Für das Schöne musst du schon selbst sorgen.
                                        – *Mama*

Erzähl die Dinge nicht so, wie sie passiert sind,
mach Legenden daraus.
                                    – *Romain Gary*

Als sie den Park mit dem gelben Flatterband absperr-
ten, das sonst Tatorte sichert, verließ ich die Stadt,
meine Familie nahm ich unterm Mantel mit.

Erleichtert, dass ich sie beschützen konnte.

In diesem Winter ziehe ich ins Blaue Haus. Diesmal nicht
nur vorübergehend. Das ist kein Urlaub.

Wir sind zwei Familien und leben im Wald. Vier Erwachsene und fünf Kinder zwischen drei und neun Jahren.

Ein Stück weiter an der Straße, im Roten Haus, ziehen
meine Eltern ein.

Für die nächsten Monate ist das Tal unsere Zuflucht.

Am Ende der vereisten Straße, endlich angekommen, verstecke ich mich, eingehüllt in meine drei Kinder.

Es dauert, bis ihre Wärme mich beruhigt.

Ich habe schreckliche Angst vor der riesigen Leere, die vor uns liegt.

Der Wind pfeift übers knarzende Dach. Meine Kinder sind wie eine Schale, die vorübergehend meinen Körper umschließt.

Mein Geist verliert sich in der Untiefe des Waldes, der uns umgibt, der uns verschluckt.

Die große Birke am Waldrand erfriert. Sie schwankt, trocken, hohl und nackt.

Ich bin wie sie. Bestehe aus denselben Kohlenstoff-, Stickstoff- und Sauerstoffatomen. Meine Gene, angeordnet in einer DNA-Doppelhelix, besitzen denselben Aufbau, dieselbe Funktionsweise wie ihre.

Außerdem sind wir beide aus demselben Ereignis hervorgegangen: der Entstehung von Leben auf Erden vor mehreren Milliarden Jahren.

Die Birke neigt sich, sie wird bersten.

Aber unter der Erde halten ihre kräftigen, massiven Wurzeln sie fest, tapfer und durstig.

Und sie rappelt sich wieder hoch, reckt sich in die Nacht. Nicht unversehrt, aber aufrecht.

Ich will eine Graubirke sein. Ich klammere mich an meine Kleinen.

Plötzlich falle ich in einen Dämmerzustand. Gefangen zwischen Wachsein und Schlaf.

Das Rote Haus meiner Eltern steht am Rand eines Kiefernwaldes, der sehr viel älter ist als sie.

Als sie sich dort niederlassen, bin ich noch klein.

Ich weiß noch nicht, dass diese Erde mal mir gehören wird.

Aber meine Finger machen sie sich bereits zu eigen, scharren im Boden und vertrauen ihm meine Toten an.

Nach und nach finden darin ein Dutzend Meerschweinchen, meine Katzen und schließlich meine Großeltern die letzte Ruhe, reichern das Land an mit ihrem Gedächtnis, füttern den Klee mit ihren Erinnerungen.

Auf ihnen entsteht, kurz vor Ende meiner Kindheit, ein provisorisches kleines Zeltdorf, Erhebungen für unsere elektrisierten Körper, die hochmütig durch die Nacht ziehen.

Wir feiern. Der Himmel ist rauchgetränkt, unser jugendliches Geschrei mischt sich mit dem Heulen der Kojoten auf der anderen Seite der Berge.

Meine Eltern haben ihr Auto ins hohe Gras umgeparkt, unsere Musik schallt aus dem Kofferraum. Bevor sie schlafen gehen, genießen sie eine Weile unsere unschuldige und unzähmbare Freiheit.

Auf diese Art haben sie mich erfolgreich nah bei sich behalten. Indem sie das Nest erweitert, Wildkräuter und Heu hineingeflochten haben.

Als sie im Roten Haus zu Bett gehen, pflügen wir im Gänsemarsch durch die Wiesen, teilen das Meer der Glühwürmchen, bis wir den eiskalten Fluss erreichen und uns hineinstürzen.

Ich bin vierzehn Jahre alt und singe *Alegría,* während ich von einem Jungen zum nächsten schwirre.

Das hier ist mein Mutterland und mein Erbe.
Ich war überall auf der Welt, aber wenn ich an zu Hause denke, denke ich an hier.

An meinen Vater, der Lagerfeuer macht und ganze Sträuße aus vierblättrigem Klee sammelt, und an meine Mutter, die durch den Kiefernwald stapft, als schlüge sie mit jedem entschlossenen Schritt neue Wurzeln, ein kleiner Hühnertross immer dicht auf ihren Fersen.

An die stürmischen Zeiten, die die zwei hatten und die hier viel heftiger wirkten, weil alles, auch der Schmerz, mehr Raum hat zu sein.

Es krachte häufig, mit ordentlich Tränen und Geschrei und mittendrin ich, die sie beide so sehr liebt.

Fünfundvierzig Jahre lang haben sie zwei Leben miteinander verwoben, haben sich das eigene, zumindest für eine Weile, zurückerobert, wenn auch mit einem fehlenden Stück, haben sich mit dem anderen, für den anderen, dank des anderen verändert.

Sie haben andere Körper geliebt, andere Köpfe geküsst, mit allem, was darin neu war, und wieder Atem geschöpft. Sie formen ihre Zukunft zu zweit aus Graupel und Lehm.

Er hat Augen so blau wie ein kalter, wolkenloser Himmel an einem Wintermorgen.

Ihre sind dunkel wie schwere, feuchte, frisch gelockerte Erde.

Noch immer bringen sie mir alles bei, meine Liebe für sie ist unendlich.

Als ich klein war, haben sie mich so fest mit dem Leben vertäut, dass ich mich nicht mehr losmachen kann. Dass ich gezwungen bin, es voll und ganz anzunehmen. Wenn alles zusammenbricht, ist es dieser dünne Faden, den sie mir geknüpft haben, der mich am Puls der Welt festhält.

Sobald der Löwenzahn durch die harten Bürgersteige brach, band meine Mutter daraus den ersten Strauß des Jahres. Löwenzahn ist selbstheilend. Wird eine Blume abgerissen, treiben oberhalb der Wundstelle fünf neue aus. Diesen Kriegerinnenstrauß brachte sie uns mit nach Hause: Asphaltblumen mit Blüten wie Raubtiermäuler, die sprießen trotz Kälte und Stadt. Kämpferische Blumen, verheißungsvolle Blumen, die rettenden Blumen nach dem Winter.

Meine Mutter hat das Leben immer zum Fest gemacht, koste es, was es wolle.

Wenn ein Krankenwagen vorbeifuhr, bangte sie nicht um den Verletzten, der operiert, oder den reglosen Körper, der wiederbelebt werden musste, sie strahlte und winkte: »Da bringt eine Frau ihr Baby zur Welt!« Gemeinsam grüßten unsere Hände die heulenden Sirenen, die ich stets mit Jubel und guten Neuigkeiten verband.

Das war beabsichtigt; und vielleicht gelogen, aber so orchestrierten sie für mich die Welt, um mir vor allem eins zu vermitteln: dass ihre Musik uns gehört. Dass ich eines Tages den Dirigentinnenstab in der Hand halten und selbst entscheiden würde, was aus dem Chaos hervortritt.

So bastelt mein Vater aus toten Zweigen tanzende Vögel und ist fasziniert von diesem Wissenschaftler, der die Hirnwellen eines schlafenden Hasen aufgezeichnet hat, wie herrlich die Vorstellung, ihm »beim Träumen zuzuhören!«

Er war in der kommunistischen Jugend, ist um die ganze Welt gereist, hat Erdbeben und Geiselnahmen überlebt, und keiner kann mir die Ungerechtigkeit und ihre Mechanismen besser erklären als er. Trotzdem hat er sich diese Leichtigkeit im Blick auf die Welt bewahrt, die Bereitschaft zu Umwegen, die einen auf der anderen Seite der Dinge landen lassen. Exakt neben dem Offensichtlichen. Mein Vater besitzt ein natürliches Talent fürs Staunen und findet vierblättrige Kleeblätter, ohne danach zu suchen. Vielleicht finden aber auch sie ihn. Mein Vater ist nämlich auch ein Glücksbringer.

Wenn es nichts Schönes mehr gibt, ist ein Teil von mir dank ihnen weiter mit der Quelle verbunden, mit dem Magma, mit dem, was niemals verpufft.

Das Blaue Haus ist überfüllt.

Anfangs finden wir es noch prickelig, schäumen gemeinsam vor Glück. Dann ziehen wir Grenzlinien und beäugen uns.

Wir müssen respektieren, wie jeder Einzelne von uns ist und lebt. Müssen unsere eigenen Launen wegsperren und unempfänglich werden für die der anderen.

Wir müssen beweglich und demütig sein und unser Freiheitsbedürfnis tief in der Erde vergraben.

Wir müssen Regeln aufstellen. Sehr viele Regeln.

Mein Vater hat mir seine Gabe vermacht: Ich sammele Klee genauso wie Löwenzahn. Beide lege ich zum Trocknen in die Bücher, die hier überall verstreut liegen und die ich mir fest vornehme, eines Tages zu lesen.

Mit anderen Pflanzen habe ich mich nie groß beschäftigt, sie gehen auf in einem namenlosen Ganzen, sind mir gleichzeitig zu vertraut und zu fremd.

Ich streife durch den Kiefernwald meiner Kindheit. Mein halbes Leben hat sich zwischen diesen großen Bäumen abgespielt.

Von den Spitzen der Kiefernnadeln tropft ein unsichtbarer Regen, eine Wolke aus Molekülen – negative Ionen. Die Wissenschaft hat ihre unglaubliche Kraft entdeckt: Sie machen glücklich.

So steigt in mir eine zarte, zerbrechliche Begeisterung auf. Krumen einer neuen Begierde.

Die weder heftig ist noch gewagt, die keine gewöhnliche Begierde ist.

Ich will ein Band knüpfen zwischen mir und dem Rest der Welt.

Ich lebe neben den Pflanzen her, ohne sie wirklich zu kennen; sie gehören zu meinem Weg dazu und bringen mich nicht mehr zum Staunen. Ein bisschen wie bei Leuten, denen wir so oft begegnen, dass wir sie nicht mehr ansehen.

Mit den Naturwesen ist es wohl so wie mit nahen Menschen: Wenn ich sie alle lieben will, muss ich sie erst jedes einzeln lieben.

Ein Stück weiter an der unbefestigten Straße lebte früher Mary.

Sie stammte aus der Ukraine, wirkte aber, wenn ihr hübsches Gesicht weiß und rund aus den Lupinen auftauchte, wie ihrem Garten entwachsen.

Ständig war sie über ihre Blumen und Katzen gebeugt.

Die dreibeinige hatte sie am liebsten.

Mary, in Liebe gekrümmt, zog hier, ohne fließend Wasser, vier Kinder groß.

Die nächste Trinkwasserquelle liegt weit entfernt im Wald: Also baute und verlegte sie selbst eine Leitung dorthin.

Wenn ich als Jugendliche verkatert und in kurzen Shorts mit meiner besten Freundin an der Hand an ihrem Blauen Haus vorbeikam, träumte ich davon, eines Tages dort zu leben, gleich oberhalb des Flusses.

Aber erst mal servierte uns Mary in ihrem runzligen Blauen Haus, das seit 1880 über die Frösche wacht, ofenwarmes Brot.

Manchmal kam Pierre Falardeau vorbei, der nächste Nachbar, Filmemacher und glühender Verfechter eines unabhängigen Québec, um im Schatten der ahnungslos über dem Haus flatternden kanadischen Flagge mit Mary einen *tea* zu trinken.

Hier zerbröselte die Politik, wurde vom Wald verschluckt.

»*I hated his movie* Elvis Gratton. *But I love Pierre. He's a real gentleman.*«

Mary war meine *english grandmother*. Ich liebte es, sie zu umschlingen und mein Gesicht in die Kuhle an ihrem faltigen Hals zu schmiegen. Ich hörte Beck, trug Latzhosen und Haarspangen, trank mitten auf der Straße *Coolers* mit Himbeergeschmack und küsste zwei Jungs zu Led Zeppelin, wollte aber schon damals so altern wie Mary.

Im Tal dem Winter trotzen, mein eigenes Holz hacken, Brot backen und mit den Blumen sprechen, die treu jedes Jahr wiederkehren. Die allerersten bedeckten mit ihrem Azurblau immer wacker den Boden rund um den alten Baum, bevor sein Laub ihnen das Licht nahm. Sie waren Marys Lieblingsblumen. Aber damals wusste ich noch nicht, wie sie heißen.

Der alte Baum vorm Blauen Haus heißt Bertolt. So haben ihn die Kinder getauft, als sie sprechen lernten. Es war eines ihrer ersten Wörter, eine urtümliche Verbindung mit diesem Haus, das Mary uns eines Tages, wenn sie ginge, hinterlassen würde.

Bertolt ist abwechselnd Piratenschiff, Burg, einsame Insel und Dojo. Neben einer Leiter und einer Schaukel hat er mehrere Aushöhlungen an den Seiten, die den furchtlosen zerkratzten Kinderkörpern als Lagerstatt dienen.

Über das Blätterdach herrschen die Kinder. Wie unsere Vorfahren richten sie sich dort ein, leben im Baum und bewegen sich von Ast zu Ast. Als Erinnerung an diese Urbehausung ist uns unser Daumen geblieben, ein fünfter Finger, den wir bis heute mit den Affen gemeinsam haben.

Die Kinderschar läuft auf Bertolts Wegen, schiebt ihre Schätze unter seine Rinde, versteckt sie in den Furchen der Ameisen. Aus den Pilzen des alten Baums brauen sie Zaubertränke, und Bertolt hütet ihre Geheimnisse, bewacht die Leichen der kleinen Viecher, die sie zusammentragen.

Dort oben bilden sie eine solidarische Einheit und passen aufeinander auf. In Bertolts Wipfeln ist das Pflicht, damit keiner der kleinen Krieger fällt.

Unser lang vergangenes Leben in den Bäumen hat unseren Frontalblick geschärft und unsere Augen nach vorn ausgerichtet, sodass wir räumlich sehen können, unerlässlich für den Wechsel von Ast zu Ast.

Verglichen mit Tieren, deren Augen seitlich am Kopf liegen, ist unser Sichtfeld eingeschränkt. Wir benötigen also schon seit je den Blick der anderen, um unseren zu ergänzen.

Daher auch die Notwendigkeit, in Gemeinschaft zu leben.

Wer sich mit der menschlichen Evolution befasst, stellt schnell fest, dass wir vor allem aus Verletzlichkeit soziale Wesen geworden sind. Um nicht zu sterben, brauchen wir die anderen.

In jenem Frühling sind wir unsicher, wie lang der alte Baum noch durchhält. Die Äste ächzen unterm Fliegengewicht seiner Bewohner.

In einem fiebrigen Zeremoniell hacken wir Teile von Bertolt ab.

Unsere Hoffnung geht gegen das Ende seiner Tage auf die Barrikaden.

Doch einer seiner großen Arme bricht ab, liegt lang gestreckt auf dem Boden.

Ist Bertolt tot?

Die Kinder haben einen dicken Kloß im Hals.

Die Zeit bleibt stehen. Wir suchen nach Indizien, dass er noch lebt. Auf keinen Fall darf er zwischen zwei Stürmen die kleinen Matrosen unter sich begraben.

Plötzlich, ein Wunder.

»Mama! Bertolt blutet!«

Aus seiner Schulter fließt Ahornwasser. Süßes Wasser, das wir schnell auffangen müssen.

Am Ende der verbliebenen Äste befestigen wir behelfsmäßig Töpfe, Einmachgläser und alles, was sonst noch das Wasser des Überlebenden fassen kann. Bertolt ist schön, so herausgeputzt, mit seinen tausend Medaillen.

Das gesegnete Wasser wird eingekocht und genossen.

Der alte Baum darf ein weiteres Jahr gekapert werden. Seine Knospen lassen nicht auf sich warten, sie sprießen wie Hunderte kleiner Geheimnisse und verraten uns, dass Bertolt ein Schwarzer Zuckerahorn ist und sich bald seine dreilappigen Blätter entfalten werden.

Von seiner Art gibt es hier und im Rest der Welt nur noch wenige. Bertolt ist ein seltener Baum.

Unten an seinem Stamm, an die harte Rinde geklebt, wächst eine Miniaturversion von ihm, zart und weich und doch bald bereit, die Nachfolge anzutreten.

Er stammt aus demselben Samen wie Bertolt.

Auf Französisch nennt man ihn *gourmand* – *Vielfraß*. *Tragon* auf Spanisch, *sucker* auf Englisch. Er ist die Fortsetzung des Baums.

Seine Erinnerung, seine Unsterblichkeit.

Diesem ergreifenden Phänomen ist es zu verdanken, dass der älteste Baum der Welt heute 43 000 Jahre alt ist. Er heißt *Lomatia tasmanica,* die königliche Stechpalme von Tasmanien. Eine Zeitgenossin des Neandertalers …

All unsere Anstrengungen, unsere Tragödien, unsere Entdeckungen und Errungenschaften und all unser Leid: Das Leben dieser einen *Lomatia* umspannt die gesamte Geschichte unserer Spezies.

Auch mein Großvater, Jacques, liebte Mary und ihr Blaues Haus.

Sein ganzes Leben arbeitet Jacques auf dem Markt, in Paris. Ein schreiender Gemüsehändler in der Rue Mouffetard, mit blauer Schürze, roten Wangen und kalter Nase.

»Kaufen Sie meinen Blumenkohl, probieren Sie mal den Porree, zwei Franc das Bund, na los, die Dame, nur zwei Franc das Bund!«

Jeden Sommer besuche ich ihn und meine Großmutter Boubou. Meine Welt steht noch ganz am Anfang, alles breitet sich vor mir aus.

Ich fliege allein mit meinen langen nackten Beinen, deren neue Macht ich gerade erst durchschaue.

Auf der engen, nach blauem Pipi riechenden Toilette küsse ich den Passagier, der mir dorthin gefolgt ist, direkt auf den Mund. Er hat Dreadlocks und olivfarbene Haut. Wir teilen uns die Kopfhörer meines Walkman und streicheln uns zu Metallicas *Nothing Else Matters* unter den Papierdecken von Air Transat.

Anschließend fahre ich, meinen riesigen Rucksack auf dem Rücken, mit der Pariser Métro. In der Banlieue, Station Mairie d'Ivry steige ich aus. Müde von der Reise, aber beschwingt von der Gnade der Ferien, gehe ich den Hügel hinauf. Es riecht nach Buchsbaum und frischem Schweiß: Das ist der Duft von Paris, ich liebe es.

Oben angekommen nehme ich die Abkürzung quer über den Friedhof zu dem Sozialbau, in dem meine Großeltern wohnen. Wo auch mein Vater geboren und aufgewachsen ist.

Schon auf halber Strecke erspähe ich Boubou in ihrem dicken roten Pullover hinter den Begonien auf ihrem Balkon, wo sie vielleicht schon seit heute Morgen auf mich wartet. Sie sieht mich durch ihre dicken Brillengläser, und ich laufe schneller, kann es kaum erwarten, in ihrem süßen Geruch anzukommen.

Der Fahrstuhl ist eng, die Glastür stammt aus einer anderen Epoche und lässt sich beim Schließen viel Zeit. Dieser winzige Raum befördert sämtliche Körper dieses Hauses. Es riecht nach Ruß, Regen und Haut, nach Sehnsucht und Kummer. Nach der feuchten Erschöpfung der Migranten, Fabrikarbeiter und Mütter. In der sechsten Etage steige ich aus.

Ich nähere mich der Tür, die schon offen steht, und plötzlich ist alles erfüllt von ihrer Wärme. Boubou und Jacques sind überglücklich, mich zu sehen, als wäre ich ein Wunder, das sie kaum glauben können.

Sie meint, ich sei gewachsen. Ich lande in ihren Armen, in diesem starken Geruch nach gebranntem Karamell, den ich nirgends sonst wiederfinde und doch für den Rest meines Lebens suchen werde. Die ultimative Geborgenheit.

Zum Glück habe ich richtig umarmen gelernt. Gelernt, die Menschen, die ich liebe, mit dem ganzen Körper zu drücken. Mich der Umklammerung hinzugeben. Ihnen meine

Arme zu öffnen und mich in ihre zu stürzen. Selbst wenn sie schwer zu halten sind. In dieser Berührung begegnet sich, was den Blicken verborgen ist, was unter der Haut liegt.

Der Tisch ist bereits gedeckt, nur für mich. Eine große Tasse heiße Schokolade, Brot, Butter und Käse. Boubou setzt sich hin und sieht mir beim Essen zu. Jacquot geht mit seiner Musik auf den Ohren eine Runde spazieren.

Am liebsten schlendert er zu Akkordeonmelodien durch Paris.

Gegen Mittag kommt er zurück, hat Flanbys für mich mitgebracht, und wir essen zusammen Dosenbohnen und Nudeln mit Ketchup und gucken die Spielshow *Des chiffres et des lettres*.

Jacquot spricht nie über den Krieg, bei dem er dabei war, und auch nicht über den, vor dem er geflohen ist. Ich weiß nur, dass er Hunger hatte.

Wenn wir mit dem Essen fertig sind, wischt er sämtliche Teller ordentlich mit einem Stück Brot aus. »Hier kommt nix weg«, sagt er, mehr zu sich selbst als zu uns. Das ist sein Tischgebet.

Die Teller sind sauber und leer. Zeit für den Mittagsschlaf.

Boubou faltet Wäsche und singt »*Salade de fruits, jolie, jolie, jolie*«, während sich Jacques in ihr großes Bett legt, das Fenster zum Himmel geöffnet.

Vor den zufriedenen Augen meiner Großmutter mache ich eine Büchse Ahornsirup auf. Zweiundvierzig weitere Büchsen schlummern im großen Holzschrank an der Wand. Jedes Mal, wenn einer von uns diese Reise antritt, bittet uns Boubou, eine neue mitzubringen.

Aber sie essen sie nie selbst. Sie sind »nur für den Besuch«, und »der Besuch« sind wir.

Erstaunt sieht mir Boubou dabei zu, wie ich mit einem alten Taschenrechner hantiere; sie ruft nach Jacques, damit ich ihm zeigen kann, wie begabt ich bin: »Hast du gesehen, was sie alles kann?!« Zufrieden schauen sie mir gemeinsam zu. »War die ganze Schufterei doch nicht umsonst.«

Sätze, die ich wie eine Perlenkette um den Hals trage.

Und als Boubou die Aufnahme des hundertköpfigen Kinderchors bekommt, bei dem ich mitsinge, lauscht sie ihr feierlich. Neben den neunundneunzig anderen Stimmen, die *Heilige Nacht* intonieren, hört sie meine heraus. »Wie toll sie doch singt!« Das nennt sich Liebe.

Eines Morgens stehe ich etwas früher auf und überrasche Boubou, wie sie in der Küche ein Bier trinkt. Sie sieht, dass ich sie sehe, und lässt die Flasche der Form halber verschwinden. Sie kann ja nicht um sieben Uhr morgens vor ihrer Enkelin Bier trinken.

Danach ist sie schlecht gelaunt. Jacques öffnet fröhlich pfeifend die Balkontür und ruft beim Anblick des Insekts, das an ihm vorbei ins ordentliche kleine Wohnzimmer flattert: »Guck mal, Boubou, der schöne Schmetterling!«

Aber Boubou dreht nicht mal den Kopf in Richtung der wirbelnden Flügel. Sie sagt zu Jacques: »Mach ihn platt, das gibt nur Raupen«, und legt weiter akkurat die Geschirrtücher zusammen.

Sie wirft mir einen zaghaften Blick zu. Erinnert mich daran, dass ich vom Leben – von ihrem Leben – keine Ahnung habe.

Nichts ahne von den Kleiderbügeln, die entstehendes Leben aus ihrem Leib gerissen haben. Nichts ahne von der großen Liebe, die sie hat vorbeiziehen lassen. Nichts ahne von der Last der Opfer und zerbröckelnden Träume.

Entgeistert sieht Jacques mich an. Jacques kann Boubou nichts ausschlagen.

Aber Jacques kann auch nicht mehr töten.

Plötzlich hocken sie beide wie gelähmt in einer Ecke ihres Schmerzes und schauen dem Insekt beim Fliegen zu.

Aus all diesen Teilen setzen sich echte Menschen zusammen.

Und oft sind die verborgenen Winkel wesentlich für die Liebe.

Also kümmere ich mich darum. Ich klettere aufs Sofa, strecke den Arm aus und erschlage den Schmetterling. Auf der geblümten Tapete hinterlässt er einen weißen Fleck. Zwei kleine zerfetzte Watteflügel an der Wohnzimmerwand.

Wenn ich in Frankreich bin, schaue ich mir Schlösser, Höhlen mit Felsmalereien, Museen und Märkte an. Ich besuche Jim Morrison auf dem Père-Lachaise und sammle, wenn ich draußen vor einem Café ein Bier trinke, diese Männerblicke, die es bei uns nicht gibt. Überall, wo ich hingehe, bin ich schön und frei.

Aber das echte Frankreich liegt für mich in der sechsten Etage eines Sozialbaus in Ivry-sur-Seine. Auf der anderen Seite des Friedhofs, wo ich mich im Mickey-Mouse-Nachthemd zwischen meine Großeltern kuschele.

Boubou und Jacquot sind der schönste Anlaufhafen der Welt, der Pariser Alkoven meiner Jugend, wo ich am Fenster gedrehte Amsterdamer rauche und den Mond betrachte, gebannt vom Leben, das noch vor mir liegt.

Eines Tages ist Boubou tot. In ihren Sarg lege ich ein Tütchen weiche Karamellbonbons, die ich von zu Hause mitgebracht habe. Meine Großmutter soll damit eingeäschert werden. Mit dem gebührenden Duft. Ich will eine karamellisierte Großmutter.

Meine Mutter weint, während sie das Rezept für den Joghurtkuchen vorliest, den niemand so backen konnte wie Boubou, und mein Bruder auf der Trompete die *Ode an die Freude* spielt.

Ich weiß, dass mein Vater und mein Onkel sich wegen der Asche heftig gestritten haben. So ist das als Mutter zweier Kinder, die an verschiedenen Enden der Welt leben.

Ich weiß, dass sich ein Teil meiner karamellisierten Großmutter im Tal hinter mir befindet. Gleich neben Suzanne Meloche, Marcel Barbeau und Pauline Barbeau. Und bald auch Jacques Lavalette und Mary Poulos.

Nach Boubous Tod ist Jacques allein. Es gibt keine großen Mittagessen am Küchentisch mehr. Nur noch einen einzelnen Teller zum Auswischen und niemanden, der die Begonien gießt.

Jacquot zieht ins Rote Haus. Als junger Mann träumte er von Kanada. Und da ist er nun, ein Rentner mit schelmischem Blick, in dunkelblauen Bermudas, der pfeifend den Feldweg zu Marys Haus hinunterläuft.

»Mein Französisch ist sehr krank.« Mary hat sich die Haare gemacht. Ihre stechend blauen Augen sind zwanzig Jahre alt.

Jacques möchte bei ihr Englischunterricht nehmen. Jeden Tag geht er zum Blauen Haus. Er ist ein schlechter Schüler, kann sich überhaupt nichts merken.

Aber Mary gibt nicht auf.

»Wiederholen wir zusammen, Jacques: *I am a man*.«

Sofort protestiert Jacques. Aber nein. Mary sei doch kein *man, no no no*. Mary sei eine Frau, oh ja!

Mary zögert, weiß nicht, ob sie lachen soll. Ihr Schüler ist ein Witzbold. Ihre kleinen blauen Augen sind zwei Überraschungen, ihr breites Lächeln lässt hübsche weiße Zähne sehen, wie »Mäusepfötchen im Schnee«.

»*Okay, Jacques, let's go for a walk.*«

Mary nimmt meinen Großvater an der Hand, und sie überqueren gemeinsam die kleine Brücke zum Seidenpflanzenfeld. Überm Wasser läuft Jacques plötzlich langsamer, greift auch mit der zweiten Hand nach Marys Arm. Klammert sich fest wie ein Kind an die Mutter.

»*Are you alright, Jacques?*«

»Es ist das Wasser. Ich habe Angst vorm Wasser.«

Jacques kann nicht schwimmen. Er erzählt uns nie, wo oder wie, aber wir wissen, dass er einmal fast ertrunken wäre.

Mary hält meinen Großvater mit kräftiger Hand, und sie zerteilen das Feld gemessenen Schrittes. Zusammen sind sie einhundertsechzig Jahre alt. Die Sonne weiß das und neigt vor ihnen das Haupt.

Das Grün sprießt, der Sommer ist üppig und mild, und das Land lässt sich in sein wildes, ungezähmtes Bett fallen.

Im Hochsommer verlässt uns Jacquot. Er kehrt zurück an das Fenster seines Sozialbaus in Ivry-sur-Seine.

Er wird nicht wiederkommen.

Eines Morgens schaltet er das kleine Radio ein, es läuft eine Oper.

Er zieht einen Stuhl quer durch die Wohnung, lässt ihn stehen, zwischen dem Bett, das jetzt zu groß ist, und dem Fenster, das für die Luft, die er eigentlich brauchte, zu klein ist.

Sorgsam schlägt er die blaue Leinenhose um, knöpft langsam die violette Strickjacke zu, betrachtet sein Spiegelbild und findet sich immer noch schick. Trotz allem hat er doch ein gutes Leben geführt.

Da ist diese winzig kleine Leere in ihm, die ihn aufsaugt. Die Eltern, die er niemals hatte und die er jetzt so sehr brauchte. Sein ganzer Körper sagt ihm, dass er alt ist, aber er fühlt sich wieder wie ein Hosenmatz, der nicht weiß, wie man sich die Schuhe bindet.

Unterm Spiegel stehen Boubous Schatullen. Perlen und Modeschmuckketten, eine Uhr, die verbissen gegen dieselbe Sekunde antickt, eine Ballerina im Tutu, die sich nicht mehr dreht. Mit dem großen, erschöpften Finger fährt Jacquot über den Tand.

Dann hilft ihm eine unsichtbare Hand auf den wackligen Stuhl. Jacques sieht in die Ferne, im Wind schlagen die Zweige der alten Platane im selben Takt wie sein Herz.

Unter ihm fünf identische Balkone. Seine graue Katze, Moumousse, war die sechs Etagen mal hinabgefallen und hatte sich die Pfote gebrochen.

Jacques setzt einen Fuß auf die Balustrade, krallt sich an die Fensterläden und stellt den anderen Fuß neben den ersten. So. Jetzt steht Jacques aufrecht im Fensterrahmen und kämpft mit dem Gleichgewicht.

Jacques ist keine Katze.

Beide Füße nebeneinander, sein gesamter Körper in der Schwebe zwischen Himmel und Erde. Jacques ist das flatterige Schirmchen einer Pusteblume. Der Wind bläst. Er fliegt los.

Am nächsten Tag bricht mein Vater nach Frankreich auf. Mein Bruder und ich wissen von nichts. Meine Mutter bleibt allein zurück mit einer Tragödie, die sich plötzlich vor ihr aufgetan hat wie ein riesiges Loch.

Wie soll sie uns sagen, dass sich unser Großvater umgebracht hat?

Ich weiß nicht, ob sie ahnt, wie sehr dieser Mann für mich das absolute Glück verkörpert hat. Ein Rundumgenießer. Mit seinem schiefen Lächeln, seiner unendlichen Liebe zu den Frauen und dieser tiefen Freundlichkeit, die wahre Helden ausmacht.

Meine Mutter geht mit uns essen, und ich erfahre bei einem Teller Muscheln, dass sich mein Lieblingsopa das Leben genommen hat.

Ich weiß, dass ich geschrien habe. Und dass ich sofort wissen wollte, wie.

Seltsamerweise hat mich die Antwort beruhigt. Weil ich Poesie darin erkennen konnte. Sein Kopf war nicht explodiert, er hatte sich nicht vergiftet.

Auch wenn ich manchmal an die Leute denken musste, die ihn gefunden hatten. Zerschmettert auf dem Beton.

Wenn ich seitdem das flatternde Schirmchen einer Pusteblume in der Luft schweben sehe, lasse ich es fliegen, anstatt es einzufangen, wie als Kind, um mir etwas zu wünschen. Ich puste vielmehr kräftig, damit es niemals landet. Flüchte mich mit ihm in den Wind, der einen zarten Federkelch durch die Pariser Straßen trägt. Ich untermale es sogar mit leisen Akkordeonklängen.

Ich habe null Skrupel, die Gewalt aufzuhübschen. Hier habe ich das Sagen. Meine Erinnerung bastele ich mir, wie ich will.

Es gibt einen Baum, der niemals stirbt. Er heißt Langlebige Kiefer und altert nicht.

Man kann ihn töten, aber er ist nicht darauf programmiert, zu sterben. Niemals.

Erst kürzlich habe ich erfahren, dass Mary in ihrem Umfeld Geld für eine Reise gesammelt hatte. Sie wollte ihr Blaues Haus eine Weile verlassen, um an Jacques' Arm die Seine-Quais zu erkunden.

Aber Jacques ist nicht mehr da, und Mary stürzt im Schnee. Sie verletzt sich am Bein und findet sich damit ab, ihr Haus zu verkaufen.

Im Sturm kämpft sie sich durch bis zum Roten Haus, um meinem Vater zu sagen, dass sie wegzieht. *»And my house is for your daughter.«*

Ihr Haus ist für mich.

Ich bin schwanger. Ich kann dieses Haus und die darin verwachsenen Erinnerungen niemand anderem überlassen. Unmöglich.

Ich ergreife die Hand der Freundin, mit der ich diesen Weg so oft entlanggegangen bin und die den Geschmack von Marys Brot kennt. Gemeinsam mit den Männern unseres Lebens legen wir an unserer Insel an.

In den darauffolgenden Jahren besuche ich Mary in der Seniorenresidenz im Dorf. Sie lebt im ersten Stock eines lang gestreckten braunen Gebäudes, in dem es permanent nach Suppe riecht.

Ich komme mit einer Babyschale, in der hingebungsvoll ein Häuflein Mensch schläft, und zwei kleinen Frechdachsen, die den langen, mit braunem Teppich ausgelegten Flur zu ihrer Rennstrecke machen. Eine nach der anderen knarzen die Türen; heraus lugen alte Menschen, verwundert über den plötzlichen Trubel auf ihrem Gang.

Wir stürmen Marys mikroskopisch kleines Apartment. Ein winziges Zimmer, das sie in einen Dschungel aus Kletterpflanzen verwandelt hat, zwischen denen ihre fünf Katzen dösen. Für jedes meiner Kinder hat Mary einen Quilt genäht, heute übergibt sie mir den für das schlafende Baby.

Dann zeigt sie mir ihre Schätze. Mary ist eine leidenschaftliche Sammlerin, ihre Funde halten sie am Leben. Täglich geht sie ins Reilly-Haus, ein Gemeinschaftszentrum mitten im Dorf. Auf der ersten Etage servieren Freunde von ihr ein wechselndes Gericht. Auf der zweiten gibt es einen Flohmarkt: Kleidungsstücke für 25 Cent. Aber das Allerbeste versteckt sich im Keller. Porzellan, Wachspuppen, alte Zeitschriften und Vintage-Plakate.

Bei diesem Besuch holt Mary stolz ein riesiges verblichenes Foto aus ihrem Schrank, das sich im Rahmen wellt. Sie möchte es meinem Vater schenken.

»I thought he would love it.«

Ich verlasse sie mit drei Superhelden in Quilt-Umhängen und einem gigantischen einlaminierten Eiffelturm. Ich kriege den Kofferraum gar nicht mehr zu, und es wird kalt im Auto, aber ich kann Mary nichts abschlagen.

Wenn ich verreise, schicke ich ihr Postkarten. Bin ich im Dorf, schaue ich bei ihr vorbei. Aber meine Besuche werden seltener, und Mary zieht weiter weg in ein Langzeitpflegeheim. Ich sehe sie ewig nicht mehr.

Nur ihr riesiges Porträtfoto thront noch immer im Blauen Haus.

Marys kleiner weißer Kopf, der aus den Lupinen auftaucht.

In den nächsten Monaten wird dieses Haus, das angefüllt ist mit ihren Geschichten, zu unserem rettenden Ufer. Marys Foto an der Wand ist vergilbt, die Mäuse haben das Zepter übernommen, und die Ameisen zerfressen, was vom Mauerwerk geblieben ist.

Anfangs sind wir euphorisch: einfach rennen zu können, auf einen Horizont zu, der niemandem gehört.
Das makellose Tal stöhnt nicht unter den Kinderfüßen, ihre
Raserei macht sich auf dem menschenleeren Flachland in
tausend Freudenschreien Luft und hallt von den namenlosen Bäumen wider.

Das Feld ist schneebedeckt. Ich betrete diese fragile Perfektion, schneide in ihre weiße Oberfläche und bin sprachlos. Da ist das Land, eindrucksvoll und erhaben, unter mir und um mich herum. Das Land hält mich fest. Aber die Wörter, die ich dafür habe, sind trocken und leer. Selbst das Wort »Natur« zerbröselt, ist matt und lichtlos.

Es geht also darum, neue Wörter in die Welt zu setzen.

Es geht also um eine Wiedergeburt.

Unsere Wochen sind streng in Kapitel geteilt. Jeder Erwachsene muss einen Nachmittag unterrichten, alle vierzehn Tage machen wir einen Großeinkauf. Am Sonntag ist Tag null: Wir kochen für neun, wir putzen für neun.

Eine Alltagsroutine, die zur Orientierung an unserem Kühlschrank hängt, vor dem sich die Kinder mehrmals am Tag versammeln. Und nachts manchmal auch die Erwachsenen.

Aus den Nachrichten erfahren wir, dass wir noch sehr lang hier sein werden.

Gebeugt über ein Stück feuchte Rinde, hisst mein Sohn konzentriert die Segel. Ich habe meinen Schnürsenkel als Tau geopfert. Ein Ausflug zu zweit; wir sind vor dem Rest der Bande geflohen. Auf unseren Fahrrädern trotzen wir der Kälte bis zur nächsten Brücke, erkunden das Flussufer und bauen Boote.

Mit rot gefrorenen Fingerspitzen gibt Noé dem Ruderblatt den letzten Schliff.

Bald können wir es zu Wasser lassen. Eine kleine Geste für eine große Reise.

Der Ruiter-Fluss entspringt weiter oben in den Bergen. Im Herzen des Waldes, in den Tiefen des Fullerton-Sees. Von dort aus wurden früher Hunderte Holzstämme losgeschickt und von den Flößern über den Fluss durchs Land bis in die USA befördert.

Das Nebelhorn ertönt. Am Strand vollendet Noé seine Baumrindenarche. Sie bekommt einen Reisigkapitän, der mit weit geöffneten Armen die offene See begrüßt.

Noé vertraut ihm ein Geheimnis an (er ist der König der Geheimnisse) und setzt das Boot in die Strömung, die es sogleich mit sich fortträgt.

Es wird dem Ruiter folgen bis zum majestätischen Rivière Missisquoi, der in den Lac Champlain mündet. Von dort aus kann sich der Kapitän entscheiden, ob er über den Hudson River New York oder über den Rivière Richelieu ein Ziel am Sankt-Lorenz-Strom ansteuern will.

Angesichts dieser grenzenlosen Möglichkeiten bleiben wir einen Moment still.

Das Kind begegnet dem Wunderbaren mit weiser Behutsamkeit.

Es interessiert sich für alles, was aus der Erde, dem Himmel oder dem Wasser stammt, verneigt sich zwischen zwei Windstößen sachte vor dem Lebendigen.

Die Hände inzwischen steif vor Kälte, steigen wir wieder auf unsere Räder. Unterwegs schaut uns eine Familie Wildtruthühner träge hinterher.

Neben uns bremst ein Auto. Darin sitzt mein Nachbar, Hermann, mit feierlicher Miene, und neben ihm seine Frau Angélique.

Er lässt das Fenster runter. Der eiskalte Wind weht ihm ins Gesicht, aber er sieht mir fest in die Augen. Sagt, dass er krank sei und sterben werde. Fragt, ob ich mal auf einen Kaffee vorbeikommen wolle. Angélique weint, und er fährt das Fenster wieder hoch.

Noé fällt ein Zahn aus. Gar nicht mal so einfach, mit einem Milchzahn in der Hand Fahrrad zu fahren. Er vertraut ihn mir an, und ich habe so große Angst, ihn zu verlieren, dass ich ihn in den Mund nehme. Wir sind ja fast da.

Zu Hause empfängt uns Wärme. Während Noé eine heiße Schokolade trinkt, erzählt er von seiner Odyssee.

Am selben Abend schreibt Noé mit ordentlicher Schrift auf einen Zettel, den er anschließend unter sein Kissen schiebt: »Liebe Zahnfee. Geld interessiert mich nicht. Überrasch mich.«

Ich wusste, dass mich dieses Kind immer wieder aus dem Konzept bringen würde. Er ist in einem Wagen am Rand der Autobahn zur Welt gekommen, das konnte ja nur der Anfang sein …

Mitten im Stau fange ich an zu keuchen. Draußen ist grauer Stillstand, drinnen ist alles in Bewegung.

Ich liege auf der Rückbank eines alten rostigen Autos, geerbt von den Tanten, die meine Mutter aufgezogen und gerettet haben. Ein liebenswertes, beigefarbenes Auto, von dem der Lack blättert: die Champagner-Kiste. Die Hände ums Lenkrad gekrallt, starrt mein Mann zum Horizont, als könnte er ihn dadurch zu sich heranholen.

Ich kriege keine Luft mehr.

»Das Köpfchen ist da!«

Wir sind fast angekommen. Das weiß ich. Aber ich kann nicht mehr warten. Das Köpfchen ist da, am Rand der Autobahn. Die Champagner-Kiste hält quer vorm Couche-Tard-Spätkauf. Mein Mann steigt aus, ruft nach Hilfe und beugt sich über mich. Unsere Blicke versenken sich ineinander, damit sie sich nicht verlieren. Plötzlich legt der Tod, der mir keine Angst einjagt, seinen schweren Mantel über mich. Über mein Kind. Ich drifte ab, der Schmerz breitet sich aus bis in meinen Kopf, hat mich komplett im Griff, und ich falle und weiß nicht, woran ich mich festhalten soll. Draußen ist es scheußlich und kalt, nichts bietet Schutz. Außer ihm, der auf einmal über sich hinauswächst. Dieser Mann, den ich so oft getröstet habe, dessen Zerbrechlichkeit mir so vertraut ist, er wird zu einem Baum. Einer mächtigen Eiche am Autobahnrand, wie eine siegreiche Bresche in der urbanen Ödnis.

»Sie haben den Notruf gewählt. Bitte beantworten Sie folgende Frage: Atmet die Frau?«

Die »Frau« bin ich. Die Frau, deren Bauch sich verformt. Deren Hände das feuchte Sitzpolster zerfetzen, während mein Eichen-Mann auf dem Parkplatz meiner Niederkunft Wurzeln schlägt. Auf der Autobahn setzt sich der Strom derjenigen, die irgendwohin wollen, wieder in Gang.

Hilfe!

Das Kind will raus, aber ich habe Angst wie nie zuvor. Angst, dass sein Herz schlappmacht, Angst, dass die Kälte es packt und mir nimmt, Angst, dass mein Baby vom Grau, von der Scheußlichkeit verschluckt wird.

Dann Schwarz. Mir fallen die Augen zu. Muss mich retten, an ihnen festhalten. Zuerst an meiner Mutter. An meiner Mutter dem Vulkan meiner Mutter die tanzt meiner liebenden Mutter meiner schreienden Mutter meiner Mutter die über mich wacht und sagt: »Für das Schöne musst du schon selbst sorgen.«

Okay. Okay, Mama.

Jetzt an all den anderen Frauen festhalten.

Am Autobahnrand, quer auf dem Parkplatz des Couche-Tard, durchschwimme ich Meere, schreite durch Bergdörfer, tauche ein ins Innere der Ameisenstädte, erforsche Schnee- und Kriegswüsten. Und ich rücke näher zu all den Frauen dieser Welt, schweißgebadet, mächtig, binde mich liebevoll an sie. Verschmelze mit ihrem Glauben, ihrem Elan, ihrem Blut, ihrem Geifer, ihrem Geschlecht. Im Nacken ihren heißen Atem, im Mund den Geschmack ihres Bluts, ihr Wasser auf meinen Schenkeln. Ich gebäre mit ihnen zusammen.

Das Kind kommt in seiner Fruchtblase zur Welt: mit der Glückshaube, wie man sagt. Darin fängt mein Mann ihn auf. Ein Fisch in seinem Ozean: sein kleiner Mund, der sich zum Himmel öffnet, sein kleiner Körper noch geschützt vor der Welt.

Mit einem aufgeschürften Finger, einem abgebrochenen Nagel, mit seiner Musikerhand, der schönsten Hand der Welt, zerreißt dein Vater deine Hülle.

Das Wasser ergießt sich über ihn, und du bist da. Dein dunkler Blick ganz überrascht. Dein kleiner blasslila Körper, der die schlafenden Autofahrer mit seiner Neuheit flasht. Sie haben den Anfang vergessen. Du erinnerst sie wieder daran.

Dein Vater legt dich auf mir ab, und hier begegne ich dir. Meinem kleinen glitschigen lila König.

Lebst du?

»Sie haben den Notruf gewählt, atmet das Kind?« Du bist still. Die jugendliche Kassiererin aus dem Couche-Tard schwirrt aufgeregt um uns herum. Sie ist sechzehn, hat rosa Haare und Schiss wie noch nie. In diesem Moment ist sie unsere Krankenschwester. Aufgescheucht rennt sie hin und her, besorgt einen Schnürsenkel, um die Nabelschnur abzubinden, holt eine warme Decke, rennt und rennt, geschockt von diesem brutalen Einschnitt in ihren Alltag: Auf ihrem Parkplatz wimmert tonlos ein verschmiertes Neugeborenes.

Mein Eichen-Mann trotzt dem Unbekannten mit großen, zärtlichen und doch sicheren Gesten. Ruhig und zu hundert Prozent da.

Das Kind weint nicht, das Kind ist lila, aber mein Mann

versichert dem Notdienst: »Nein, Madame, die Nabelschnur liegt nicht um den Hals.«

Er vertreibt die Angst mit seinem Mut und orchestriert die Geburt unseres Sohnes.

Wir machen daraus eine Asphaltsymphonie, einen glücklichen Akt des Widerstands.

In der Ferne heulen Sirenen: die Polizei. Der Himmel verdunkelt sich, ein Sturm zieht auf. Ich drücke dich an mich, und auf einmal kann ich es spüren. Dieses schwache Pulsieren. Den Beginn deines Lebens. Und endlich schreist du. Unser König heißt Noé und beginnt seine Reise in einer Champagner-Kiste im Sturm am Rande der Autobahn.

Jener Tag offenbart das Majestätischste in uns dreien.

Als die Kinder schlafen, gibt es nichts Wichtigeres als die Suche nach einem angemessenen Ersatz für die zwei Dollar von der Zahnfee. Mit vereinten Kräften basteln wir einen Talisman aus umfunktioniertem Schmuck und Sachen von draußen.

Jetzt müssen wir ihn nur noch unter Noés Kopfkissen kriegen. Wir schlafen zu fünft in einem Zimmer. Wenn ich das verpatze, wachen drei kleine Zeugen auf. Mir ist heiß.

Ich war auf der ganzen Welt unterwegs, oft sogar allein, habe im Kriegsgebiet gelebt, wurde mit Messern und Kalaschnikows bedroht, aber nie hatte ich solch eine Angst wie in dem Moment, als ich auf Zehenspitzen das Kissen anhebe.

Ich bin die Hüterin seiner Fantasie, halte dieses flüchtige Band zur anderen Welt in meiner Hand. Vor mir erhebt sich drohend das jähe Ende seiner Kindheit und die unendliche Trauer, die damit einhergeht.

Noés geschlossene Augen sind wie zwei perfekt mit Tinte gezogene Linien. Sein Atem mischt sich mit dem seines Bruders. Ganz vorsichtig legt meine kribbelnde Hand ein winziges bisschen Magie unters Kissen. Die wichtigen Gesten sind nicht immer die größten.

Sobald er sprechen konnte, verlangte Noé einen Baum. Er wollte eine Trauerweide haben.

Wir pflanzten sie im Sommer, als er drei war. Sein Großvater war zuständig fürs Schaufeln, das Kind fürs Stolzsein. Klein und nackt unter einem zarten Bäumchen, das kaum größer war als er, die Hand um den dünnen Stamm gelegt wie um die Schultern eines neuen Freundes.

Wenn der Fluss heute Hochwasser hat, umspült er großzügig den Stamm der Weide, die sich genauso tapfer über die Fluten reckt wie das Kind.

Befreundete Algonkin haben mir mal erklärt, wie ich mich verhalten soll, falls mir im Wald ein Bär über den Weg läuft.

An zwei Sachen kann ich mich erinnern. Erstens, auf keinen Fall tot stellen. Das bekäme ich sowieso nicht überzeugend hin. Stattdessen ganz langsam, ohne plötzliche Bewegungen, entfernen und dabei mit dem Bären sprechen. (Ich überlege immer noch, was ich ihm erzählen soll. Wenn mir bis dahin nichts einfällt, werde ich wohl singen.)

Während ich langsam rückwärtsgehe, soll ich nach einem soliden Baum Ausschau halten und hinaufklettern. Der Bär wird mir nicht folgen.

Wie eine alte Selbstverständlichkeit haben mich meine Freunde daran erinnert, dass Bäume für mich, für uns, Sicherheit bedeuten. Allein deshalb sollten sie für uns interessant sein.

Ich breche mit fünf Ninjas auf in den Wald. Wir haben am Vorabend *Kung Fu Panda* an die Wohnzimmerdecke projiziert. Zwischen zwei Aufwärtshaken und einem Drachenschlag sammeln wir Nadelbaumzweige. Heutiges Unterrichtsthema: lernen, welche es gibt.

Wir versinken bis zu den Hüften im Schnee (aber zum Glück sind wir heute ja Ninjas).

Beladen mit stachliger Beute kehren wir zurück. Den Inhalt unserer Körbe schütten wir auf den großen Tisch, trocknen Nasen und Zehen und fangen an zu sortieren.

Harte, bläuliche Nadeln mit leicht gewellten Enden, die um den gesamten Zweig herum wachsen: Schwarzfichte.

Platte Nadeln mit einer feinen weißen Linie, die wie Flügel auf zwei Seiten des Zweigs wachsen: Hemlocktanne.

Grüne, piksende Nadeln, die im Kreis um den Zweig wachsen: Balsamtanne.

Flache, große Blätter wie feinste Spitze: Thuja.

Und dieser nackte Zweig hier, die einzige Kiefernart, die im Winter ihre Nadeln verliert: Lärche.

Lange Nadeln, die immer paarweise wachsen und am Zweig Sträuße bilden: Amerikanische Rotkiefer.

Lange Nadeln, die immer zu fünft wachsen und Sträuße am Zweig bilden: Strobe.

Wie ein Lied, das wiederholt wird, bis man es auswendig kann.

Die Jüngste zieht Zweige aus ihrem Korb und benennt sie einen nach dem anderen: Strobe, Thuja, Hemlocktanne, Balsamtanne, Schwarzfichte, Rotkiefer. Ohne zu zögern, mit leuchtendem Blick, der rundherum Anerkennung erntet.

Sie ist stolzer als nach den ersten erfolgreichen Metern auf dem Fahrrad.

Es ist die Geburtsstunde einer neuen Sprache.

Der Mann meines Lebens geht die Wände hoch. Er sucht nach Ritzen und Lücken, in denen er sich verstecken kann. Er fühlt sich umstellt, in der Falle. Er sucht nach einem Raum in seinem Inneren, um sich darin zu verlieren, aber da ist kein Platz mehr. Bis oben hin voll. Seine Finger knacken, sein Kopf knackt, und die Wut rinnt diese engen Mauern hinunter, zwischen denen wir uns beschützen sollen. Sein Zorn, sein Kummer kleben an meinen Füßen, dass ich gar nicht mehr laufen kann.

Ich lege eine Hand auf seine Brust und versuche ihm ein Anker zu sein.

Hier und da knapsen wir den Tagen etwas ab, verschaffen ihm ein wenig Einsamkeit, aber die erstickt an ihrer eigenen Kürze. Das samtene Tageslicht sticht und kränkt ihn, er sehnt sich nach einem dunklen, geräuschlosen Bau, in dem endlich so was entstehen kann wie Stille, seine Stille, an deren Ende er vielleicht sogar wüsste, wonach er sucht.

Wir sind zu viele Menschen in einem maroden Haus. Durch ein undichtes Fenster zieht kalter Wind, obwohl wir es mit grob zugeschnittenem Plastik verklebt haben. Dahinter tauen die Marienkäfer auf und drehen sich unendlich auf dem Rücken wie verrückt gewordene Kreisel.

Im Zimmer riecht es nach getrockneten Fliegen, und die Glühbirne unter der Decke röchelt im Rhythmus ihres flackernden Lichts.

Ich flüchte nach draußen, um den letzten liebevollen Teil von mir zu retten. Den, an dem sich meine Kleinen laben. Ich flüchte, damit er nicht versiegt. Suche ihm woanders eine Quelle. Ich kehre zurück in den Wald.

Unterwegs nehme ich eine Gestalt wahr, eine Dame in Weiß, die den Pfad entlanggeht. Ich grüße sie flüchtig, weiche ihrem Blick aus und bereue es dann: Wir sind dermaßen ausgehungert nach menschlichem Kontakt, vielleicht braucht sie meinen.

Als ich mich umdrehe, ist sie verschwunden.

Ich schlage den kleinen Weg ein, der hinterm Blauen Haus durch das Seidenpflanzenfeld führt.

Hoch oben, wo der Wald am dichtesten ist, finde ich ihn. Er zerreißt rohes Fleisch mit den Zähnen, hat Erde und getrocknetes Blut unter den Fingernägeln und spricht mit seiner Zunge. Er kennt die Wörter nicht, aber ihren Geschmack. Er lebt in jedem Winkel seines Körpers, und ich nähre mich von seinem Mund, von dieser Art, lebendig zu sein.

Ich mäste mich mit seinem Schweiß seinem Salz seinem Lachen, das von den Wurzeln bis zum Wipfel reicht.

Ich verflüssige mich in sämtliche Poren seiner so irdischen Haut.

Ich speie meine Lebendigkeit hinaus in den tiefen Wald, erfasse alles, was draußen existiert.

Ich schwebe weit über dem Mutterspiegel.

Ich atme.

Und dann gehe ich zurück.

Und mache Abendessen.

Ich bin mühelos liebevoll, mein Brunnen ist wieder gefüllt, die Kleinen trinken von meiner Quelle, die niemals versiegt, und ich ergieße mich restlos in sie.

Durchs Wohnzimmer kriecht eine Natter, so lang wie mein Arm. Ich versuche, sie zu fangen, aber sie kennt das Haus besser als ich und bahnt sich geschmeidig einen Weg von Wand zu Wand. Ich lebe mit einer Schlange zusammen.

Die Kinder haben die Revolution ausgerufen. Zu fünft nehmen sie den Tag im Sturm, die Welt gehört ihnen, solang die Erwachsenen noch nicht alle aufgetaucht sind, um dann irgendwann gemächlich die Kontrolle über Haus und Dezibel zurückzuerlangen.

Unzählige Gänge schaufeln sich die Kleinen auf die Frühstücksteller, kombinieren die unmöglichsten Aufstriche und hinterlassen, solange noch Zeit ist, ihre Fingerabdrücke auf sämtlichen Oberflächen.

Wir müssen warten, erst wenn wir zu mehreren sind, wagen wir es, sie zu bändigen.

Bis dahin müssen wir uns damit abfinden, dass um uns herum Revolution herrscht.

Mit einem Kaffee. Mit einem Buch. Das ist die beste – und einzige – Strategie, die den Frühaufstehern unter uns Erwachsenen bleibt, um die brutalen Morgenstunden zu überstehen.

Die morgendliche Lektüre hat im Blauen Haus also noch eine neue Dimension. Sie ist, wortwörtlich, die Rettung.

Meine Kleeblätter dienen mir als Lesezeichen und den Autoren, die mich mit frischer Luft versorgen, als Miniaturschirme. Heute Morgen rolle ich mich ein mit Anaïs Nin, und sie riecht gut. Sie riecht nach Haut.

Jeder Mann weckt neue Gefühle in ihr, neue Einfälle, jede Beziehung ruft ein neues Universum ins Leben. Eine neue Anaïs.

»Jede Anaïs existiert einzig und allein für denjenigen, der sie hervorgebracht hat, und beeinflusst dennoch die anderen.« Jetzt bin ich ganz allein bei ihr, schließe die Augen und lehne meine Stirn an Anaïs Nin, die ich in diesem Moment am liebsten küssen würde.

Über das Tal bricht der übliche, aber jedes Mal wieder unerwartete Frühjahrsschneesturm herein. Schlitten zu fahren ist eine spielerische Reaktion darauf, eine mutige Selbstbehauptung: Man darf sich auf keinen Fall gegen den Schnee wehren, der die gerade erst erwachenden Farben bedeckt, so weit das Auge reicht.

»Los, Kinder, wir gehen rodeln.«

Gerade räumt ein riesiger gelber Traktor die Straße frei. Wie selbstverständlich bilden die Kinder in ihren Schneeanzügen ein Ehrenspalier, die Fäustlinge zum erfreuten Fahrer gereckt. Sein Name ist wirklich und wahrhaftig Clark Kent. Sein Gesicht wie ein Apfel, die Wangen stets gerötet, um seine Honigaugen kleine Falten, wie die Strahlen zweier Sonnen. Clark Kent ist unser Held. Der Plattenspielerarm dieser Gegend, die Nadel, die die Berge zum Klingen bringt. Er bahnt die Wege, auf denen sich die Menschen fortbewegen, ist der DJ des Alltäglichen. Ohne ihn wäre das gesamte Tal verwildert. Er ermöglicht uns, dazuzugehören.

Ich kann nicht mehr zählen, wie oft er mich aus einem zugeschneiten Graben gezogen und allein mit seinem melodischen Akzent gewärmt hat. Hätte ich ihn mir ausgedacht, ich hätte nie gewagt, ihn so rund, so musikalisch zu machen. Clark Kent war schon immer mein Lieblingsnachbar.

Die Kinder haben Zweige zu schiefen Kreisen gebogen, sie mit Bindfäden umwickelt und Gänsefedern daran festgemacht, die von Hermanns Teichen stammen. Das Ergebnis soll ich über unserem Bett aufhängen. Damit sich die Albträume darin verfangen. Aus der Produktion wurde gleich eine ganze Serie.

Wir schlafen zu fünft in einem Zimmer. Die Fenster lassen sich nicht öffnen, aber hinter dem Plastik, das uns vor der Kälte schützen soll, mäandert der Fluss. Sein Rumoren sickert zu uns durch, überflutet die Matratzen und die unordentlich auf dem Boden verstreute Kleidung.

Mit der Zeit wurden hier mehrere Schichten Tapete übereinandergeklebt. Jetzt schälen sie sich von den Wänden und offenbaren Marys wechselnde Stimmungen und Geschmäcker. Unter den goldgelben Weizengarben, die unter einer blassrosa Tapete zum Vorschein kamen, tauchen kleine blaue Blumen auf. Aber das schönste Motiv, an dem unser Blick trotz aller Gewöhnung immer noch hängen bleibt, sind die Katzen. Unzählige ausgeschnittene Katzen, die auf den Tapetenschichten kleben, eine samtpfotige Horde in ihrem einzigartigen Revier. Sie waren lange vor uns da, Katzen auf zwei Beinen, Katzen mit Federhut auf dem Kopf, hochnäsige Katzen, musizierende Katzen, Katzen aus aller Welt, gemalt oder fotografiert, ausgeschnitten von Marys einsamer Hand. Sie bevölkern eine komplette Wand.

Eine Pfote oder ein Ohr abzureißen steht unter Höchststrafe. Auch wenn die Wand sich pellt, soll sie das in ihrem eigenen Tempo tun.

Über dem großen Bett hingen bei Mary früher gut zwanzig Klebestreifen von der Decke, an denen Hunderte Stubenfliegen verendeten. Bis heute mögen die Fliegen unser Zimmer am liebsten.

Als Kind habe ich zu viel Zeit damit verbracht, mich in sie hineinzuversetzen. Zu spüren, wie meine Flügel verleimen, wie meine Beinchen Halt suchen, um mich loszureißen. Mir vorzustellen, wie mein verdrehter Körper schließlich zu Boden fällt und dort oben einen ausgerissenen Flügel zurücklässt. Ich kann nicht mehr fliegen, bin schutz- und nutzlos: ein invalides Insekt.

Heute will ich diese flügelverklebenden Streifen und den langen, geräuschvollen Todeskampf, den sie mit sich bringen, nicht im Haus haben, aber die kleinen Haken, an denen sie früher befestigt waren, sind noch immer da und tragen jetzt die von den Kindern gebastelten Traumfänger. Manchmal verheddern sich darin Träume und sterben ohne einen Laut. Aber da wir noch nie so viel geträumt haben wie jetzt, vermute ich, dass sie langsam überlaufen.

Wenn die Nacht noch jung ist, stehen die Kinder von ihren Matratzen auf und klettern zu uns hoch. Die stillen Stunden verbringen wir ineinander verschlungen auf ein und demselben Floß; der Flusspegel steigt, und aus dem Traumfänger tropfen die Albträume auf uns herab.

Eine Nacht, deren feuchte Schwärze über die Haut rinnt. Ich suche meine Tochter, meine Bärin, und taste mich durch die Dunkelheit. Leise flüstern mir die Stimmen der Jungen zu, sie sei unten und spiele. Unten ist am rauschenden Fluss, der Hochwasser führt. Sein unverschämtes Lied, sein fröhliches Tosen schallt durch die Nacht.

Ich rufe ihren Namen, trete näher, steige ins Wasser, das mir eisig in den Körper sticht, wühle mit den Armen im Flussleib, der schmerzhaft ungreifbar bleibt, es ist zu dunkel und zu kalt, ich verliere mein Kind im wilden Gewässer. Tränenüberströmt schrecke ich hoch.

Im Morgengrauen umarme ich die noch schlafenden Körper, bevor ich aufstehe, um den Frühlingsbeginn einzuatmen und diese Nacht zu verjagen.

Mein Telefon klingelt.

Meine Mutter.

Ich soll bloß nicht auf den Fluss gehen, er könne hier und da schon tauen.

Ich bleibe stehen. Vor mir bricht sich die Sonne im Eis.

Meine Mutter sagt, sie habe schlecht geträumt.

Es sei Nacht gewesen, und sie suchte mich im rauschenden Fluss.

Ihr Vorname bedeutet »Bärin« auf Russisch.

Oder »die, die übers Eis geht« auf Algonkin.

Die, die sich nackt auf Quallen setzt. Nur um mal zu sehen, wie das ist.

Die, die schon in meinem Bauch, kampfbereit, zu Drachenschlägen ausholte.

Weil sie so schnell rauswollte, durfte ich mich nicht mehr bewegen. Also schrieb ich, gefangen auf meinem Sofa, einen Roman, in dem ich meiner entflohenen Großmutter folgte. In dieser Zeit wachte meine Tochter tief in mir drin. Ein Leben wie eine Sturmflut, schon damals willensstark, nahm sie mit mir gemeinsam die ganze Leidenschaft meiner Familiengeschichte in sich auf.

Heute lebt sie mit ihren Emotionen zusammen. Sie fühlt sich wohl bei ihnen, zelebriert begeistert die Wut, huldigt ergeben der Traurigkeit und vergöttert die Freude so sehr, dass sie selbst voll und ganz Freude wird.

Später, wenn sie eine Frau ist, werde ich sie sicher manchmal bei den Grübchen packen wollen, die ich ihr auf die Wangen gezaubert habe, damit ich sie immer zurückholen kann. Meine Mutter hat mir dieselben gemacht. Es funktioniert.

Meine Tochter läuft über den zugefrorenen Fluss, rast auf zu großem Fahrrad die schlammigen Wege entlang und ruft, so laut sie kann, Achtung, ich komme!

Sie soll niemals enttäuscht werden. Nie will ich den Elan dämpfen, mit dem sie im Hier und Jetzt lebt. Die Welt soll sich bloß nicht zwischen sie und den Boden schieben, auf dem sie so fest steht.

»Achtung, ich komme!«

Sie rennt über die Straße, fuchtelt mit ihrem Schwert den anderen hinterher, die schon im Wald verschwunden sind. Wo die Talmulde eine Biegung macht, zwischen den Hemlocktannen und Pappeln, haben sie sich ein Versteck gebaut. Sie haben ihre Pausenbrote rausgeschmuggelt und sich eine Geheimsprache ausgedacht, die die Erwachsenen nicht verstehen.

Manchmal verschwinden sie für ein, zwei Stunden im tiefen Wald, in der hohlen Hand unseres Landes. Dann kommen sie ausgehungert zum Mittagessen zurück, mit Blättern in den Haaren und getrocknetem Blut im Gesicht.

Manchmal entsteht daraus ein perfekter Moment, in dem die kleinen ungeduldigen Körper eine Weile lang ihre Freiheit über Bord werfen, um an meinem liebevollen Ufer an Land zu gehen.

In der Wegbiegung, die aussieht wie ein mit Leben ange-schwollener Bauch, steht ein neues Haus. Das nicht wirklich ein Haus ist. Vielmehr ein Netz aus kunstvoll ver-wobenen Bäumen. Bäume, die gerade so weit ineinander-greifen, dass sie Wind und Sterne noch durchlassen, aber Zuflucht bieten.

In diesem Haus wohnt ein japanischer Künstler. Angeb-lich ist er Salzarbeiter, hat auf allen möglichen Inseln gelebt, ihre Meere gekostet und ihr weißes Gold geschöpft. Ich frage mich, was er hier sucht.

Bevor er mich zu sich einlädt, beobachte ich ihn von Wei-tem. Seine Haut ist weiß und glatt. Sie reflektiert ein inneres Licht, ist wie eine Zäsur im dunklen Wald. Ich kneife die Augen zusammen. Der japanische Maler ist ein Salzwesen, und er blendet mich. Ich bleibe auf Abstand, aus Angst, bei seiner Berührung zu zerschmelzen. Er geht seinen Beschäf-tigungen nach, zunächst noch ohne einen Blick für mich.

Noch nie habe ich jemanden so gehen sehen. Als hätte er einen unsichtbaren Faden am Kopf, der ihn irgendwo hin-zieht.

Dieser Mann schlendert nicht, er bewegt sich zielstrebig von Baum zu Baum, von Ast zu Ast, und pflückt mit seinen großen Händen Zweige, aus denen er Mauern flicht, die keine sind. Mauern, die atmen und vor nichts schützen.

Er lädt mich ein, zwischen diesen Mauern Platz zu neh-men.

Endlich sieht der japanische Maler mich an. Er lässt den Blick über mich gleiten, langsam und ausgiebig, als entziffere er die Textur meiner Haut, die Geschichte meines Körpers.

Er kommt näher, und ich lasse es zu. Bevor er mich berührt, zittern seine Finger. Seine sanften Hände lesen und entschlüsseln mich wie eine neue, erstaunliche Sprache. Sie verweilen an der empfindlichen Stelle gleich unterm Hals, wo die Knochen wie ein Schild das Herz abschirmen. Der japanische Maler spielt auf meiner Haut, und unter seinen runden Fingerkuppen pulsiert meine Verletzlichkeit. Ich habe keine Angst.

Sein Mund saugt mich auf, ich flüchte in ihn, ich falle.

Etwas in seinen Untiefen gleicht mir so sehr. Unsere unterirdischen Ströme verschwimmen, wir werden zu einem Fluss, ohne Worte, von Grund auf.

Er riecht nach Sand, nach Inselaromen und sonnenwarmen Algen.

Er zieht mich noch fester an sich. Mit geschlossenen Augen, die Handflächen fest auf meinem Bauch, bittet er mich, wiederzukommen. Er sagt, er hätte mich gesucht. Er sagt, er wolle mich malen.

Seine Stimme ist sanft, aber sie kommt von weit her, ist kostbar und selten. Ich nehme sie auf und stehle sie. Ich will diese Stimme als Epizentrum.

Ich schleiche mich raus, reicher und stofflicher von seinem Mysterium.

Ich werde wiederkommen.

Dreimal schon hat sich verschiedenen Gästen des Blauen Hauses eine seltsame Erscheinung offenbart, sodass sie jetzt unwissentlich eine flüchtige Erinnerung teilen. Eine dieser Geschichten, denen wir mit einem Lächeln, aber undurchdringlicher Miene lauschen. Die dennoch einen blassen Jahresring in unserem Gedächtnis hinterlassen, einen zarten Raureif, ein Echo, das nie mehr verklingt.

Der erste Besucher, vor langer Zeit, trug ein kariertes Hemd und eine vom Gips anderer Leute ganz weiße Jeans. Dieser Gast ist froh, im Blauen Haus zu arbeiten, wo er in der Kaffeepause die Vögel beobachten kann und ihn der Duft der feuchten Hemlocktanne an seine Heimat, Abitibi, erinnert.

Einsamkeit ist er gewohnt. In der Stadt verlegt er Fliesen in frisch gebauten Wohnhäusern, ist allein im Neuen, unter lauter Menschen, die allein sind im Neuen. Aber dass er das letzte Mal auf dem Land allein war, in seiner unermesslichen Weite, ist lang her.

Die Häuser aus dem vorigen Jahrhundert knarzen und besitzen ein beängstigendes Eigenleben.

Um fünf Uhr morgens steht er auf und reißt mit bloßen Händen die alten Dielen raus. Handschuhe mochte er noch nie: Er will das Material spüren. Wenn er schon jeden einzelnen Tag mit ihm verbringt, kann er es auch anfassen.

Eines Morgens, als er die Treppe hinuntergeht, sieht er

sie. Sanft wippend sitzt sie im Schaukelstuhl vorm erloschenen Kamin. Sie dreht ihm dem Rücken zu. Sie ist ganz in Weiß gekleidet.

Er hat Angst. Er flieht. Er wird nie mehr zurückkehren, um die Arbeit zu beenden.

Die Zweite ist eine Freundin von mir, die mit ihrem Schreibcoach anreist. Eine Woche lang wollen sie gemeinsam an einem Filmskript arbeiten. Zwischen ihnen liegen fünfzig Jahre, aber sie sprechen dieselbe Heimat: Haiti.

Im gesamten Wohnzimmer verteilen sie ihre Karteikärtchen, ein Ideenweg durchs Haus. Eine Szene folgt auf die nächste, von Duvalier zu dunklen Gefängnismauern, von Zuckerrohrplantagen zu den Marmorhäusern im Vorort Pointe-Claire. Gerade diskutieren sie eine neue Szene, als er die Stirn runzelt und plötzlich taumelt. Sie, ihm gegenüber, macht sich Sorgen. Er schaut über ihre Schulter hinweg nach draußen. Sie folgt seinem Blick und dreht sich um: Eine bleiche Gestalt zieht vorbei. Die Zeit bleibt stehen. Ums Haus rennt eine Frau in Weiß.

Würde ihn nicht wundern, wenn er verrückt wird; er wird langsam alt, er trinkt zu viel.

Aber sie?

Eilig packen sie die zerstückelte Geschichte vom Boden ein. Sie bauen sie lieber noch mal in der Stadt auf, umgeben von anderen Bauwerken. Da wirkt alles stabiler.

Die dritte Besucherin ist von der Sorte, die mit Geistern spricht. Sie kann es sofort spüren, sagt sofort: Im Haus wohnt eine Frau, in deren Dunstkreis man sich bedenkenlos aufhalten kann. Sie beschließt, ein paar Tage im Blauen Haus zu bleiben. Sie fühlt sich dort gut umsorgt.

Niemand hat ihr von den früheren Sichtungen erzählt, aber als sie abreist, verkündet sie, sie hätte mit einer Dame in Weiß zusammengelebt.

Das vierblättrige Kleeblatt, das in meinem Buch trocknet, hat ein Blatt verloren.

Darf es die Bezeichnung trotz der Amputation behalten?

Seine drei Blätter und die Abwesenheit des vierten liegen in der Mitte eines Goethe-Bands.

Das fehlende Blatt finde ich, ganz allein, viel weiter hinten. Es markiert für mich den Satz:

So spricht die Natur [...] mit sich selbst und zu uns durch tausend Erscheinungen. Dem Aufmerksamen ist sie nirgends tot noch stumm.

Baumwurzeln. So heißt das letzte Gemälde von Vincent van Gogh aus dem Jahr 1890.

Darauf sind knotige Baumstümpfe und krumme, fast schon in sich zusammengekauerte Bäume und Sträucher zu erkennen. Sie ähneln Figuren mit verdrehten Körpern. Ihre Blätter sind zartgrün, der abschüssige Boden ockergelb.

Dieses Bild hat etwas Schmerzhaftes, aber auch extrem Lebendiges. Die schweren, ausgetrockneten Stämme werden von dünneren, jungen Bäumen gestützt, deren Blätter wirken, als wehten sie im Wind.

Das Gemälde ist unvollendet. Van Gogh stellte seine Staffelei gern in der Nähe seines Wohnorts auf und malte, was immer ihn an dem Tag in dieser Landschaft berührte, die er doch täglich durchstreifte. Manche warfen ihm vor, nicht weit genug zu gehen. Aber sein Bezug zu der unmittelbaren Natur, die ihn umgab, war ein liebender. Er schätzte Herausforderung und fand es anspruchsvoller, das Wunderbare im Alltäglichen zu finden als andersherum.

Van Gogh hatte die Farben und Details von *Baumwurzeln* noch nicht bis ins Letzte ausgearbeitet, bevor er sich, im Schatten eines Schlosses, eine Kugel in den Bauch jagte.

Als er die Stärke, das Alter dieser Bäume nachzeichnete, suchte er dabei nach Hilfe, nach Mut? Oder spendeten sie ihm bei einer bereits getroffenen Entscheidung Trost? Dieses Stück Natur, das ihm beim Malen zusah, war Zeuge seines Abschieds. Diese Wurzeln waren seine letzte Umarmung.

Bäume besitzen eine große versöhnliche Kraft.

Ich bin mit Vorräten aus dem Dorf zurück und lese in der Morgenzeitung von einem Mann, der sich die Zeit, die uns allen langsam lang wird, damit vertreibt, dass er seine Postkartensammlung sortiert.

Hunderte hat er in den letzten Jahren zusammengetragen.

Eines Tages fällt ihm eine davon ins Auge: Sie stammt aus dem Jahr 1900 und zeigt einen Radfahrer, der seinen platten Drahtesel eine kleine Straße in Auvers-sur-Oise hinaufschiebt. Rechts neben ihm eine steile Böschung, an der sich Bäume festklammern. Da hat der junge Sammler einen Geistesblitz. Er erkennt die Anordnung der Stämme, Zweige und Wurzeln wieder, die van Gogh gemalt hat, ein Künstler, den er seit Jahren bewundert und erforscht. Wie die Äste gezeichnet, wie sie ausgerichtet sind, rund um einen riesigen Baumstumpf, ist zu exakt, um Zufall zu sein. Genau da, ganz sicher, hat der Maler, zehn Jahre bevor dieses Foto aufgenommen wurde, sein letztes Bild gemalt.

Nachdem der Sammler seine Vermutung von mehreren Experten hat bestätigen lassen, begibt er sich zum Ursprung von van Goghs *Baumwurzeln*.

Er parkt sein Auto am Rand der kleinen Pflasterstraße und läuft bis zur baumbestandenen Böschung. Er stellt sich vor die Stelle von van Goghs letztem Bild. Die Baumstammmutter thront noch immer dort. Einhundertdreißig Jahre später herrscht sie im Dickicht, Königin über die Zeit, genau wie auf dem Gemälde. Sie ist die Letzte, die van Gogh, 1890, begegnet ist. Heute grüßt sie den aufmerksamen jungen Sammler, der weint.

Die Schreie, die ich hier nicht rauslassen kann, schwitze ich aus. Ich zerhacke Erde und Luft, ramme meinen Spaten tief in den schweren Boden und rupfe einen fetten Teppich aus Unkraut und jungen Wurzeln heraus.

Ich werde das Unzähmbare bezwingen, werde den Humus eigenhändig glätten.

Aber nach ein paar kräftigen Hieben stößt mein Werkzeug auf etwas, das ich zunächst für einen großen Gesteinsbrocken halte. Ich bücke mich, um ihn aus seiner Schutzschicht herauszulösen, reiße ihn hoch, nur um festzustellen, dass der Stein rechteckig und vom Alter angelaufen ist. Er ist lang und breit wie ein Kinderrücken. Als ich mit der Hand darüberfahre, entdecke ich, dass der Stein einen Namen und ein Leben hat. *Jeanne d'Arc Morency (1875–1957)*.

Ich habe in meinem Garten einen Grabstein gefunden. Ich rufe die anderen.

Mit nassen Fingern säubern die Kinder die erdverkrusteten Buchstaben, die Geste hat schon etwas Vertrautes. Sie kümmern sich um den Stein, sind dabei, ihn zu adoptieren.

Wurde Jeanne d'Arc in unserem Garten beerdigt?

Hat sie vor Mary hier gelebt?

»Mama! Da sind noch mehr Buchstaben!«

Etwas kleiner, unterhalb der Großbuchstaben ihres Namens haben die Kinder den zweiten Teil des Schatzes freigelegt: *Gattin von Royal Lamoureux*.

Namen, die Lust machen, sie zu schreiben.

Die Kinder nehmen Jeanne d'Arc mit in ihr Versteck, und ich grabe weiter die Erde um.

Ich bin eine kleine Glückproduktionsfirma für andere. Zuständig für Planung, Entwicklung und Durchführung. Das verlangt Geduld und großes Können. Ich sollte langsam mal ein paar meiner Erfindungen patentieren lassen.

Die Armen Ritter mit Blüten, die Olympischen Spiele im eiskalten Regen, die Froschkämpfe.

Im Gegenzug erhalte ich mittelbar eine Ladung puren Glücks. Es ist nicht meins, aber ich stehle es mir.

Ich versuche, Ängste und Sorgen zu vertreiben, hole die Freude aus ihrer Versenkung hervor, auch wenn es anstrengend ist, auch wenn es wehtut.

Ob ich mich selbst gut oder schlecht fühle, weiß ich nicht mehr. Ich weiß schlicht nicht mehr, wer ich bin.

Ich fabriziere Glück mit der Brechstange; das ist im Moment das Einzige, wozu ich in der Lage bin, und ich klammere mich daran fest, damit ich nicht umfalle.

In nur vierzehn Minuten haben die Kinder den Haushalt in ein Schlachtfeld verwandelt. Sie haben einen Salamander in den Händen und rennen mit schlammverkrusteten Füßen durchs verwüstete Haus.

Mein Mann sitzt regungslos in einer düsteren Ecke und brüllt in seinem Kopf Leute an.

Ganz in sich zurückgezogen, liefert er sich eine Schlacht. Sich selbst greift er an, und ich weiß, dass er grausam ist. Ich setze mich zu ihm, aber nicht zu nah, damit ich nicht auch noch ins Kampfgeschehen gezogen werde, wo ich niemandem mehr nützen kann. Ich halte eine Armlänge Abstand. Exakt die Länge des Arms, den ich nach ihm ausstrecke und an dessen Ende sich die Hand befindet, die er so gut kennt und die sich jetzt auf seine Matrosenbrust legt. Dort gibt es eine Stelle, wie für sie gemacht. Einen Ort, an dem meine Hand den Waffenstillstand ausruft. Er seufzt, und in ihm beruhigt es sich. Seine gelben Wildkatzenaugen klaren auf. Er ist verletzt, aber am Leben.

Ich will nicht, dass er stirbt.

Heute Nachmittag ist Unterricht. Draußen wird es endlich grün. Wir gehen sammeln.

Am Ende der Straße führt der Weg zum Flugplatz durch die Maisfelder. Die Landebahn ist von Wildgräsern überwuchert. Ich frage mich, was für eine Gestalt hier, zwischen den Kühen, landen soll.

Tief im Wald gedeiht, verblüffend und unerhört, ein russisches Kloster mit Holzdach und Zwiebelkuppel. Drumherum ein Friedhof: Verwitterte, mit dem russisch-orthodoxen Kreuz geschmückte Grabsteine stehen schief in einem kleinen Garten, der gepflegt wird von großen, schwarz gekleideten Männern mit Bärten bis zum Bauchnabel.

Sergej Petroff, 1917 inmitten der bolschewistischen Revolution geboren, reist eines Tages bis an die Ufer des Missisquoi. Er verliebt sich in das Land und baut an diesem abgeschiedenen Ort das Kloster der Verklärung.

In der orthodoxen Tradition ist die Verklärung der Moment, in dem Christus sich verwandelt und göttlich wird.

Die kleine byzantinische Kapelle preist also die Grenzüberschreitung und ist selbst eine mysteriöse Zäsur in der Landschaft.

Am Flussufer wächst, rar und vereinzelt, Straußenfarn.

Man muss den richtigen Moment abpassen, um das sich entfaltende Herz zu ernten, und zwar sparsam. Nie mehr als eine von drei Farnspitzen pro Pflanze, um ihre Zukunft nicht zu gefährden.

Wir füllen ganze Körbe mit den Violinenköpfen, wie sie bei uns genannt werden.

Die gesamte Familie hat eine Mission, allen voran der Älteste. Loup, der sich ausnahmsweise nicht in seinen Gedanken verkriecht. Eine neue, unermessliche Welt hat sich aufgetan, nur für ihn. Er erkennt den Straußenfarn schon von Weitem, kann ihn von den anderen Farnsorten unterscheiden, obwohl sie für ihn alle bis vor Kurzem nur ein Haufen stinknormaler Blätter waren. Jetzt sind sie seine Oase. Bis zur Hüfte in den Pflanzen, watet er durchs Unterholz, die Füße im Matsch, Blutegel zwischen den Zehen und Bremsen im Haar. Die Bewegung des Pflückens hat für ihn etwas Musikalisches, ein Ritual, das süchtig macht, immer wieder neigt er seinen kleinen Körper allem entgegen, was sprießt.

Wir lernen, wie man die Violinenköpfe zubereitet, und die Kinder sind ganz verrückt danach: Sie ersetzen sogar das Popcorn beim Kinoabend.

An der Straßenkreuzung stellen wir ein Schild auf. *Heute im Blauen Haus: Violinenköpfe zu verkaufen.* Wir wickeln die wertvollen Triebe in Papiertüten wie auf dem Markt. Wie früher mein Großvater in der Rue Mouffetard.

Die Vorbeifahrenden machen einen Abstecher zu unserem abgelegenen Haus. Zögerlich steigen sie aus dem Auto, lassen den Motor aber vorsichtshalber laufen. Traumatisierte Körper, denen es vor einem möglichen Kontakt mit anderen Menschen graut. Beim Verhandeln tragen beide Parteien ihre Masken wie eine Wand aus Papier, durch die verstümmelte Hallos dringen. Mit den Lebensgeschichten unserer Besucher halten wir uns nicht weiter auf. Aber die Geste ist dennoch solidarisch, jeder weiß, dass auf beiden Seiten des Einkaufskorbs Einsamkeiten lauern.

Loup begrüßt beherzt jeden Neuankömmling. Er stellt sich als Pflücker vor und erklärt haarklein, wie man diesen neuen Schatz kocht. So wird unsere kleine Straße zum Besuchermagneten.

Mit ihrer Anwesenheit, ihren Fragen und Glückwünschen, selbst mit ihrem verdeckten Lächeln zollen die Durchreisenden den Kindern solche Bewunderung, dass sie gleich ein gutes Stück wachsen; sie schießen förmlich in die Höhe, dank ein paar Unbekannten, die es von nun an nicht mehr sind.

Manches Auto strandet eine Weile am Straßenrand, während der Fahrer, seinen Farnstrauß an die Brust gepresst, noch einen Moment verharrt. In dem er einfach nur schaut und sich erinnert, dass wir zusammen sein können.

Aber weil jeder irgendwann weitermuss, macht er sich schließlich auf den Weg, neben ihm auf dem Beifahrersitz im Einkaufskorb sein Abendessen und der Stolz der Kinder.

Ich stapfe durch mein schlammiges Arbeitszimmer, das sich über zehn Kilometer erstreckt, bis dorthin, wo ich Netz habe. Daheim gibt es weder Internet noch Telefon: Das Blaue Haus existiert nur für uns.

Rote Laster rasen vorbei und lassen dicke Matschspritzer auf mein Gespräch regnen. Vor mir huscht ein Tier über die Straße, das ich nicht gleich identifizieren kann. Ich bleibe stehen.

Es ist ein Biber. Er verschwindet im Graben, wartet einen weiteren Lastwagen ab, der in Richtung der Sandgrube am Ende der Straße donnert.

Dann taucht der Biber wieder aus dem Schlamm auf: Er trägt ein Junges im Maul. In entgegengesetzter Richtung überquert er nun die Fahrbahn, rennt mit seinem Baby vom einen Ende der Welt zum anderen, bevor er allein wieder hochkommt.

Auf halber Strecke kreuzt er einen zweiten Biber, der seinen Weg nachzeichnet: der Vater, ebenfalls mit einem Jungen beladen, das in der Horizontalen zwischen seinen starken Kiefern schläft.

Was folgt, ist eine perfekte Choreographie. Die Bibereltern eilen, sich kreuzend, hin und her, weichen aufmerksam den riesigen Reifen der Sandlaster aus und verfrachten ihre Familie von einer Seite des Hindernisses auf die andere, wo das Leben weitergehen kann.

Insgesamt zähle ich fünf Junge. Sobald die Familie die

Gefahr überwunden hat und auf sicherem Boden wieder vereint ist, setze ich Weg und Gespräch fort.

Durchnässt kehre ich ins Blaue Haus zurück. Hier ist es warm, im Kamin prasselt ein Feuer, und mein Mann erklärt fünf Kindern unterschiedlichen Alters das Sonnensystem.

Um das Bild nicht zu zerstören, setze ich mich ganz hinten ins Klassenzimmer, zwischen zwölf Paar zusammengewürfelte Stiefel und die ranzigen Krümel einer vergessenen Brotzeit. Mein Mann spricht zu den Kindern, und ich sehe, wie sie an seinen Lippen hängen, wie sie sich zum Himmel recken. Bei der Berührung mit seinen Gedanken lösen sich die kleinen Körper in Luft auf. Ihr Lehrer ist eine glühende Sonne. Er erklärt ihnen das Weltall, und sie sind mittendrin, werden nacheinander zu Kometen, einem zunehmenden Mond und Meteoriten. Sie setzen sich in Bewegung, umkreisen einander im Orbit, größer und funkelnder als je zuvor.

Ich verdrücke mich.

In meinem Wohnzimmer lebt die Milchstraße, und in ihrem Zentrum glüht mein Mann.

Der rosa Himmel wird grau, dann schwarz und zerfließt um uns herum. Aber die Flut kann uns nichts anhaben. Mit einer Flamme in der Hand leuchten wir in dunkler Nacht. Wir halten Wache.

Ein kurzer Abstecher in die Stadt im Neonlicht. Das glanzvoll verdiente Farngeld zahlen wir aufs Konto meines ältesten Sohns ein: zig Geldstücke, die der Bankangestellte gerührt in Rollen sortiert, während wir ihm berichten, wo und wie die Violinenköpfe wachsen.

Hinter uns hat sich eine lange Schlange gebildet, aber der junge Mann lässt sich Zeit.

Er baut kleine Dollarpyramiden mit seinen blassen Fingern, deren Nägel zerkaut sind.

Mit diesen Händen hätte er alles Mögliche tun können.

Er bedeutet den maskierten Leuten diskret, zu warten.

Und lauscht dem Kind, das ihm von wachsenden Dingen erzählt.

Seine Bewegungen werden langsamer, als wollte er nicht mit dem Zählen aufhören, als wollte auch er sich im Wald verlieren.

Aufrichtig gratuliert er dem kleinen Jungen mit den aufgeschürften Knien.

Ich habe den Eindruck, dass er ihn hinter seiner Scheibe beneidet.

Mit verhülltem Gesicht geht mein Mann auf die Jagd. Maskiert steht er vor dem Laden an der Ecke im Neonlicht in der Schlange, während ich ihm eine Einkaufsliste texte.

– *Kekse*
– *Brot*
– *Milch*
– *Müsli*
– *Käse*

Das Klavier vibriert mit einem seltsamen »Ping«. Auf dem liegengelassenen Telefon erscheint meine Nachricht.

Ping.
Komm zurück.

Ping.
Ich will dich.

Ich bin zehn Jahre alt, stehe hinter einem dicken schwarzen Vorhang und ziehe, obwohl draußen dreißig Grad sind, meine Wollhandschuhe an. Schon jetzt erfüllt den Saal ein ganz bestimmter Klangnebel: das beruhigende Murmeln eines entstehenden Publikums. Der Stimmen, die sich vermischen, ihrer Tonalitäten, die ganz natürlich miteinander harmonieren. Die dazugehörigen Körper haben dasselbe ruhige Ziel, sie wollen ein Klavierkonzert hören.

Ich stehe kurz vor der Mündung zum Erwachsensein, spüre Stromschnellen in mir brodeln. Ich fühle mich zu groß für das Kirschenkleid, und die zwei Zöpfe halten mich nicht länger in der Kindheit fest.

Meine Hände sind so eiskalt, dass sie fast abfallen. So kann ich den Schumann, den ich seit drei Monaten übe, niemals spielen.

Aber Mama hat mir Handschuhe mitgegeben.

Mama hat mir ein Geheimnis verraten.

Ich schließe die Augen und rufe es mir in Erinnerung.

Ich bin ein Baum. Ich bin ein Baum und habe lange starke Wurzeln. Sie stecken unendlich tief in der Erde. Ich kann unmöglich umfallen. Ich bin eintausend Jahre alt.

Der Vorhang geht auf, ich lasse die Handschuhe auf einer Bank liegen und spiele den Schumann mit all meiner sprießenden Leidenschaft, bewehrt mit zarten Zweigen.

Heute beschwöre ich dieses Geheimnis in meinem Körper herauf.

Ich bin ein Baum, wenn ich Schmerzen habe.

Ich bin ein Baum, wenn ich Angst habe.

Mary ist nie wieder ins Blaue Haus zurückgekehrt. Ich glaube, allein die Vorstellung, es ohne sie existieren zu sehen, tat ihr weh.

Nur ein einziges Mal erwies sie uns die Ehre eines Besuchs.

Sie setzte sich zwischen die Hängematten und Schaukeln auf die große klapprige Veranda vor Bertolt, den Ahorn. Sie trug ihre blaue Strickjacke, und der Spitzenkragen ihrer Bluse wellte sich um den faltigen Hals. Sie hatte Parfum aufgelegt und die weißen Haare frisiert. Und sie bemerkte, dass statt der kanadischen Flagge eine Vogelfutterkrippe am Fahnenmast hing.

Ich fragte sie nach Jeanne d'Arc Morency, dem Namen, den wir auf einem Grabstein im Garten gefunden hatten.

»The milkweed woman«, flüsterte sie lächelnd. Die Seidenpflanzenfrau …

Um uns herum brabbeln und plappern die Kinder.

»She was a heartbreaker …«

Aber Mary lässt kurz ihre Erinnerungen pausieren, um mit leuchtenden Augen den Kindern zu folgen wie lauter kleinen Wundern, die auf ihrem Leben gesprossen sind.

Sie sagt ihren Standardsatz, als würde sie ein Geschenk auspacken: *»Isn't it paradise? …«* Und geht, ohne das Haus, in dem sie ihr Leben verbracht hat, zu betreten.

Ein sterbender Baum blüht erst recht. Er explodiert vor Schönheit, gibt vorm Ende noch mal alles, wie ein hoheitsvoller Gruß an sein vergangenes Leben. Leonard Cohen schrieb einst, das Alter sei eine elegante Art, sich zu verabschieden. Genauso hält es der sterbende Apfelbaum. Bevor er verschwindet, öffnet er in einem letzten, prachtvollen Akt der Vermehrung Hunderte seiner Blüten.

Jeanne d'Arcs Grabstein liegt unter Farn verdeckt im Versteck der Kinder. Sie haben ihr Opfergaben dargebracht, Holzschwerter, Schüsseln mit ausgeblichenen Smarties und kleine funkelnde Steine.

Direkt daneben steht die alte Scheune, die jeden Tag ein bisschen mehr in sich zusammenfällt.

Himbeerranken überwuchern sie, ihre Holzböden sind eingesackt, aber noch ragt sie über den Ruiter-Fluss, umfunkelt von seiner Lebendigkeit.

Ich erinnere mich an die Kühe, die darin wohnten, als ich klein war. Ich tobte mit meinem Bruder gern über ihren Köpfen auf dem Heuboden herum.

Dort gab es Schatztruhen, in echt oder nur im Spiel.

Gegen Ende der Kindheit machte ich die Scheune zu meinem Heiligtum. Sie war mein Refugium, die großen roten Kühe meine Freunde. Eines Tages nahm ich sogar meinen ebenso jungen Liebsten dorthin mit.

Im trockenen Heu über den Kühen erlebte ich mein erstes Mal.

Es war lustig und schnell, wie eine Überraschung.

In der Weggabelung steht ein imposantes Haus vor einer Teichkette, an der jedes Jahr die Kanadagänse rasten. Dort legen sie ihre Eier und ziehen ihre Küken groß. Unter die Kolonie mischen sich auch immer mal wieder ein paar Hausgänse.

Im Laufe der Wochen lernen die Kleinen erst schwimmen, dann fliegen.

Manchmal kommt ein Fuchs, schnappt sich im Vorbeigehen ein Jungtier, und über den Teichen ertönt schmerzhafter Protest. Danach geht das Leben weiter.

Dieses Dasein entfaltet sich unter den präzisen Handgriffen und Blicken von Hermann.

Den Großteil seines Lebens verbrachte er als Chemiker in Hamburg. Angestellt bei einer Firma für Arzneimittelforschung.

Ein Kopf-Leben, eine Arbeit zwischen vier schicken weißen Wänden, mit verdientem, erarbeitetem Respekt. Dann ging er auf Reisen und verliebte sich in Québec.

Auf den Straßen seiner neuen Heimat trifft Hermann die Liebe. Sie trägt den passenden Namen Angélique.

Sie lassen sich nieder, wo die Berge den Himmel berühren. Hermann betrachtet sein neues Land und will es kennenlernen.

Rund um sein Haus stehen vierundzwanzig Hektar dichter Wald. Rotahorne, Zuckerahorne und Silberahorne.

Hemlocktannen, Amerikanische Rotkiefern, Stroben, Grau- und Papierbirken, Eichen … Rehe, Elche, Rotluchse, Bären, Vielfraße und sogar Pumas schleichen darin umher.

Aber Hermann lässt sich von dieser Unbändigkeit nicht einschüchtern, er sucht in ihr seinen Platz. Mensch und Natur können sich auch auf würdige Weise begegnen. Doch das muss man erlebt haben.

Mit siebzig Jahren geht Hermann wieder an die Uni. Er macht seinen Bachelor in Landschaftsarchitektur.

Dafür studiert er die großen Meister. Popeau, Kent und, allen voran, Capability Brown.

Als Liebhaber englischer Landschaften steht Capability für das Gegenteil des traditionellen französischen Gartenbaus. Bei ihm begegnen sich Mensch und Natur nicht in besonders bunten Gärten oder zwischen floralen Ornamenten. Der Landschaftsarchitekt darf nicht arrogant sein. Wer mit der Natur im Einklang lebt, darf sie nur diskret beeinflussen; sein sicherer Blick leitet eine Hand, die nur das aus der Natur hervorholt, was bereits in ihrem Flüstern liegt. So gestaltet Capability von Blenheim Palace bis Warwick Castle die bedeutendsten Gärten Englands, wobei er in seine Umgebung immer nur mit respektvollster Diskretion eingreift.

Was Shakespeare für die englische Literatur war, heißt es, war Capability Brown für den englischen Landschaftsbau.

Hermann ist der Capability des Ruiter-Tals. Nach dem Bachelor macht er seinen Master auf dem eigenen Land, wo er den Prinzipien seines Vorbilds getreulich folgt.

Er hebt eine Teichkette aus, in der das Leben wieder Einzug hält: Frösche, Unken, Forellen, Reiher und die treuen, noblen Kanadagänse, die Signatur dieses Landstrichs, die mit dem Ende des Sommers verblasst.

Hermanns Frau, Angélique, sammelt ihre schönsten Federn und drapiert sie wie einen saisonalen Blumenstrauß in einer Vase im Eingangsbereich des Hauses.

Im dichten Wald hat Hermann Zickzackwege angelegt, die Spaziergänger dazu zwingen, allem zu begegnen, was vor ihnen auftaucht. Kleine Brücken führen über eine Myriade brausender Bäche, die den Boden zerteilen.

Seine Wege lauschen, umkurven und schlängeln, sind weder gerade noch gehetzt. Wenn wir über Hermanns Wege gehen, durchströmt uns etwas Gewaltiges. Eine Verbundenheit mit der Erde.

Eine umfassende Umarmung.

Die Versicherung, dass Einsamkeit erfüllend ist.

Hier bewahrt der alte Mann erfolgreich das Ergreifendste, was die Begegnung zwischen Mensch und Natur hervorbringt: den Ort, an dem der Blick verweilt, ohne dass er angezogen wird.

Hermann ist müde, er läuft nicht mehr und setzt sich an seinen Platz zwischen Wald und Sumpf, wo er auf die Rohrdommel wartet. Diesen lang gestreckten Vogel, der gezeichnet ist wie ein Reiher und komplett mit der Landschaft verschmilzt. Niemand sieht ihn, außer Hermann. Stundenlang verharrt dort der alte Mann und betrachtet schweigend den unsichtbaren Vogel.

Eines Tages leiste ich ihm auf seinem Beobachtungsposten Gesellschaft. Die Erde, die er um uns herum so sorgfältig gestaltet hat, hört zu.

Hermann hat Krebs im fortgeschrittenen Stadium.

Bisher fand er Halt in seinem Schöpferstolz, doch jetzt gerät er ins Schwanken. Die ihm so vertraute Landschaft entzieht sich, ihre himmlische Schönheit holt ihn wieder ein. Sie ist sein und so nah, und doch kriegt er sie nicht mehr zu fassen.

Hermann sucht eine Möglichkeit, sich zu verabschieden.

Ich knie mich neben ihm ins Gras.

So gut wie er die Geschichte dieser Gegend kennt, sagt ihm der Name Jeanne d'Arc Morency vielleicht etwas. Ich versuche es, indem ich Marys Worte wiederhole: »*The milkweed woman?*«

Hermann verzieht keine Miene. »Nie gehört.«

Dabei kann er die Geschichte dieses Feldwegs Jahrhunderte zurückverfolgen.

Er weiß, dass zuerst das Rote Haus hier stand und eine kleine Schule daran angrenzte, die es heute nicht mehr gibt, und dass das, was heute das Blaue Haus ist, eine große Viehherde beherbergte, die den ganzen Reichtum ihrer Besitzer ausmachte.

Häuser haben zweifellos eine Seele, eine ureigene Identität, schließlich erzählen das Blaue und Rote Haus noch heute teilweise dieselbe Geschichte.

Ich lasse nicht locker: »Jeanne d'Arc … die Frau von Royal Lamoureux?«

Schweigen.

Ich begreife, dass Hermann Jeanne d'Arc nicht kennen will.

»Wer lebte denn vor Mary in unserem Haus?«

Er zögert.

Bevor Mary einzog, lebte ein Mann im Blauen Haus, der sein Freund war und traurig wurde. An einem Abend im Winter nahm er sich das Leben. Jagte sich eine Kugel in den Kopf.

Jagte sich im Blauen Haus eine Kugel in den Kopf.

Also kann man auch hier sterben wollen.

»… aus Liebeskummer?«

Ich weiß nicht, warum ich darin eine Erklärung gesucht habe. Vermutlich, weil sie mir die einzig vorstellbare schien.

Hermann hebt den Blick zur Wiese, die sich unter einem plötzlichen Windstoß neigt.

»*She was a heartbreaker.*«

Vor uns, auf dem ersten Teich, landet ein Schoof Gänse.

Hermann blickt weiter starr nach hinten zum Sumpf, er wartet.

Leise sagt er, dass ja Marys vier Kinder später glücklich über die Dielen gerannt sind und die letzten Reste der Traurigkeit vertrieben haben.

Auf einmal biegt sich sein Körper, wird leicht vor Entzücken.

Er streckt den Finger aus, da drüben, da, an der Teichspitze.

»Siehst du sie?«

Seine Stimme klingt wieder wie zwanzig.

Ich folge seiner Geste mit dem Blick, sehe aber nichts.

»Die Rohrdommel …«, flüstert Hermann mir zu.

Er beschreibt mir den Vogel wie ein Geheimnis: Auf seinen langen Beinen steht er inmitten der Binsen, den Schnabel Richtung Himmel gereckt. Gestalt und Gefieder verschmelzen perfekt mit den Rohrkolben. Die Rohrdommel ist die Großmeisterin der Camouflage, sie wird eins mit ihrer Umgebung.

Hermann kann sie sehen, ich nicht.

Die Teiche kräuseln sich im Wind, das Wasser erwacht, die Gräser streifen den Horizont.

Die Rohrdommel wiegt sich mit, sagt er. Ihr Kopf zeigt wie ein Pfeil zur Sonne, der Körper ist langgliedrig und bewegt sich im Rhythmus der Felder, krümmt und streckt sich je nach Windrichtung.

An meiner Seite macht Hermanns alternder Körper jede ihrer Bewegungen mit.

In der Hütte des japanischen Malers gibt es außer ihm nur einen kleinen Tisch mit ein paar Meersalzkristallen darauf.

Wenn morgens das Licht durch das Flechtwerk fällt, steht er auf und malt Salz.

Er sagt, das sei seine Art, unsere ursprüngliche Umgebung nachzubilden. Das erste Tier, das im Meer lebte, war ein Schwamm. Wir stammen vom Meeresschwamm ab. Anschließend verließen die Tetrapoden das Wasser, um festen Boden zu erkunden. Aber das Meer ist in uns geblieben. Und wir essen Salz, um unseren inneren Salzgehalt wiederherzustellen.

Darüber muss ich lächeln. Aber er bleibt völlig ernst. Und als ich meine Hand auf seine durchscheinende Haut lege, spüre ich darunter die Wellen.

Der japanische Maler malt, als würde er beten, er verneigt sich vor unserem Ursprung.

Er will das Licht und die Schatten einfangen, die auf die Kanten und Unebenheiten der reinen Kristalle fallen. Er betrachtet das Salz wie ein neues, immer noch erstaunliches Element.

Wenn wir vom Schwamm abstammen, birgt alles, was uns umgibt, das Potenzial einer unglaublichen Metamorphose. Das Insekt, der Vogel, die Blume von heute tragen genauso viele Möglichkeiten in sich wie der Schwamm vor mehreren Milliarden Jahren.

Das ist es, was der japanische Maler einfangen will.

Jetzt bin ich an der Reihe. Er schaut mich an. Ich weiß, dass er nicht mich, sondern den Tag und die Nacht sieht, die sich auf meine Haut legen.

Er besitzt nur einen einzigen Pinsel mit breiter, gieriger Spitze: Der Versuch, Details zu zeichnen, ist eine Falle. Erst muss die Essenz verewigt werden, und die Essenz ist gleichzeitig präzise und diffus.

Mir ist klar, dass er versucht, meine zu entschlüsseln, und ich wehre mich nicht dagegen. Ich habe Lust, mich in ihn zu ergießen.

Er lässt seinen genauen Blick über mich wandern. Auf der aschgrauen Iris seines rechten Auges ist ein Schönheitsfleck. Dass auch Augen derart gezeichnet sein können, wusste ich nicht. Ich habe meinen Schlusspunkt gefunden. Bin bereit, an dieser Stelle aufzuhören.

Ich will Meersalz sein und für immer unbeweglich im Prisma dieses Mannes bleiben. Ich will der einzige Antrieb seiner Bewegung sein.

Er schließt mich in seine Arme, und ich zergehe an seiner Oberfläche. Fließe in seine Spalten, hinein zu seinen Eingeweiden. Wir erkennen uns wieder: Wir haben uns immer schon gekannt. Er ist aus Abschieden gemacht, genauso wie ich, uns trennt nur ein Steinwurf voneinander; wir sind vom selben Blut.

Er hält mich so lang und so fest, dass ich nach Luft

schnappe. Nur so, von seinen Armen umschlungen, von seinem Licht umsäumt, kann er mich wirklich sehen. Nur so, ganz dicht, kann er mit mir zusammen sein, wenn mich kein anderer Lichtstrahl erreicht als seiner. Der japanische Maler schläft mit mir, und meine Haut bekommt neue Konturen.

Ich verlasse ihn im Morgengrauen, als das Echo unserer Seufzer noch in der Luft liegt und die ersten Sonnenstrahlen die Salzkristalle auf dem Tisch streifen, die aus anderen Meeren stammen als meinem. Ich weiß, dass der Pinsel des japanischen Malers, sobald sich die Tür hinter mir schließt, den noch auf seiner Haut perlenden Schweiß aufsaugen wird, um auf der unberührten Leinwand den Abdruck zu zeichnen, den ich hinterlassen habe. An seinem ausgestreckten Arm tanzt der nasse Pinsel; seine Leinwand trinkt die Spuren unserer Begegnung; mit unserem vermischten Schweiß malt er das Unsichtbare und verewigt unser Geheimnis: dass wir uns lieben.

Ich bin vierzehn Jahre alt und liege mit meiner besten Freundin auf dem Balkon vom Roten Haus. Wir schauen in den Himmel und essen dunklen Schokokuchen. Heute Nacht fallen die Perseiden.

Es regnet Sternschnuppen, und wir begrüßen jede einzelne mit Taschen voll heimlicher Wünsche.

Wenn wir erwachsen sind, wollen wir gemeinsam aufs Land ziehen.

Siebenundzwanzig Jahre später knistert auf dem Höhepunkt des Sommers ein Feuer, und die Perseiden fallen hinein.

Auf der Erde liegen die Kinder und tragen ihre Wünsche zusammen vor: Lieber einhundert Sterne für alle als zwanzig für jeden.

Ich wünsche mir, dass ich den Weihnachtsmann treffe
Ich wünsche mir, dass ich fliegen kann
Ich wünsche mir, dass ich Loup im Kung-Fu besiege
Ich wünsche mir, dass ich ein Frosch bin
Ich wünsche mir einen Lakritzbaum
Ich wünsche mir Hühner
Ich wünsche mir, dass mich Clark Kent mal auf dem Traktor mitnimmt
Ich wünsche mir, Clark Kent zu sein
Ich wünsche mir, dass ich nie sterben muss

Bei einhundert angekommen, schlafen sie alle nacheinander ein, zuversichtlich, dass die Ausbeute vorhalten wird.

Nur die Kleinste kämpft noch gegen den Schlaf an. Klammert sich an ihre Welt und erzählt sich leise eine Geschichte.

Vor ihr aufgereiht liegen alle möglichen Grashalme. Kurze, mittlere, lange. Klebende, tanzende, krumme. Eltern und Kinder.

Dieses Mädchen ist fasziniert von der Kernfamilie, kein anderes Spiel birgt für sie so viele Möglichkeiten. Sie erschafft eine Rasenfamilie, eine Nagelfamilie, eine Buntstiftfamilie. Gebeugt über diese Miniatursippen, lässt sie sich eine nie endende Geschichte einflüstern.

Als sie am nächsten Morgen aus dem Bach steigt, entdeckt sie einen Blutegel an ihrem Oberschenkel.

»Hallo. Magst du mich?«

Sie packt ihn mit zwei entschlossenen Fingern und reißt ihn aus ihrem Blut, das rot über ihre gebräunte Haut rinnt. Dann legt sie ihn vorsichtig ab und beschließt, ihm eine Familie zu suchen.

Nackt, mit den Füßen im Schlamm, zähmt meine fünfjährige Tochter Blutegel.

Als meine Mutter ein Kind war, ist ihre Mutter gegangen. Zwei junge Frauen sammelten sie auf wie ein kleines Glück mit Schniefnase.

Pauline und Janine. Zwei Schwestern, noch keine zwanzig, mit denen sich meine Mutter jahrelang ein Zimmer auf der Rue Boyer teilte. Es gab nicht viel Platz, aber dafür Léo Ferré, perfekte Tomatensandwichs und Scrabble-Partien.

Es gab nicht viel Platz, aber jede Menge Liebe.

Ich kannte Janine und Pauline immer nur zu zweit. Wie die Zweige eines selben Baums, für immer miteinander verwachsen.

Janine war Buchhalterin bei Québon und schmuggelte Hunderte Probierpackungen mit gefrorenen Leckerbissen mit nach Hause, die sie in einer riesigen Gefriertruhe aufbewahrte.

Dort hineinzutauchen war für meinen Bruder und mich das größte Vergnügen. Bewaffnet mit einem kleinen Löffel stießen wir durch die Schokohülle, blätterten sie mit spitzen Fingern ab, bevor wir zur zartschmelzenden Vanillecreme und dem viel zu süßen Himbeerpüree gelangten. Es war himmlisch, und das gab es nirgendwo sonst, nur bei Janine und Pauline.

Pauline malte Aquarellbilder. Die wogenden Felder der Laurentiden, die stillen Häfen entlang des Sankt-Lorenz-Stroms, kleine Feldwege im Nebel. Als ältere Schwester von

Marcel Barbeau, der von seinen Gemälden leben konnte, schuf sie mit ihren Bildern Fenster zu anderen Orten. Paulines Flur hinunterzulaufen war wie mit ihr auf Reisen zu gehen.

Janine und Pauline waren glücklich und unbeschwert.

Wir besuchten mit ihnen den Québon-Weihnachtsmann und setzten uns auf seinen Schoß. Dass er nicht echt und von Janines Firma engagiert worden war, wussten wir, taten aber, als glaubten wir noch an ihn, weil wir alles daran liebten, den großen Saal, die Neonlichter, den Lärm und die verzerrten Radioklänge aus den Lautsprechern unterm riesigen Plastiktannenbaum. Wir liebten es, weil es einzigartig war, weil wir diese Art zu feiern von nirgendwo sonst kannten.

Irgendwann mussten wir mit unseren batteriebetriebenen Geschenken widerwillig aufbrechen, kehrten aber noch bei Harvey's an der Ecke ein. Jedes Jahr wählten wir denselben Tisch und dieselben Gerichte. In Honig getränkte Hühnernuggets. Anschließend gingen wir zurück in die Wohnung der Tanten, zogen unsere kleinen Schürzen an und schmolzen Butter, die wir mit braunem Zucker und Zimt verrührten. Das Ergebnis strichen wir auf unsere Brote. Es war heiß, fettig und süß.

Weder Janine noch Pauline waren Gefangene ihrer Geschichte. Sie hatten sich nur eines Tages gemeinsam für meine Mutter entschieden anstatt für Reisen, Karriere oder Männer. Meine Mutter war lebhaft, leidenschaftlich und liebevoll. Und mein Bruder und ich ihre Fortsetzung.

Wir saßen im Wohnzimmer, aßen Eiscreme und Zimt-

butter und schnitten unsere allerneuesten Weihnachtswün-
sche aus dem *Consumers*-Katalog aus.

Als sie älter wurden, mussten die Schwestern ihre kleine
Wohnung verlassen und in ein Hochhaus am Rivière des
Prairies ziehen. Vom siebten Stock aus sahen sie im Früh-
jahr dabei zu, wie die Eisdecke brach.

Das Esszimmer teilten sie sich mit anderen Senioren, und
auf der ersten Etage konnten sie sich behandeln und frisie-
ren lassen.

Janine schlug sämtliche Bewohner des Hauses beim
Scrabble, während Pauline ihre Erinnerungen malte. Auch
hier gab es Platz für Fenster.

Ziemlich sicher hatten weder Janine noch Pauline jemals
Sex gehabt. Vielleicht hatte es mal eine große, unerfüllte
Liebe gegeben. Aber das war alles. Sie alterten sanft am
Rande der Gesellschaft, immer zu einem Lächeln aufgelegt
und ohne einen Anflug von Bitterkeit.

Und dann kam Albert. Er wohnte eine Etage unter ihnen, war achtzig Jahre alt, rüstig und seit einigen Jahren
Witwer. Er hatte schütteres Haar, riesige Brillengläser und
eine Leidenschaft fürs Klettern, der er mehrmals die Woche
nachging. Er war in Frankreich geboren, und das hörte man
immer noch.

Albert stieg hoch zu den Barbeau-Schwestern, reparierte
eine Schublade oder brachte Vorhänge an, machte beiden
Komplimente und blieb auf einen Kaffee. In welche der beiden er am Anfang verliebt war, fanden wir nie heraus. Aber
er war gern mit ihnen zusammen.

Die schlanke, kluge, lebhafte und freche Pauline war seine Komplizin.

Und die sanfte, liebevolle, lustige und warmherzige Janine war seine Komplizin.

Gemeinsam spazierten sie den Fluss hinab, als Trio am Ende des Weges, Verbündete für die letzte Strophe.

Pauline starb an Krebs. Ich war weit weg auf Reisen.

Meine Mutter hatte gesagt: »Fahr, Pauline würde es so wollen.«

Ich hatte, mit meinem Liebsten am Klavier, ein Lied von Richard Desjardins aufgenommen: »Mit Körben voll schwarzer Rosen besiegen wir den Hass.« Meine Mutter spielte ihr im Krankenhausbett unsere Stimmen vor.

Dann, eines Abends, ich saß gerade in einem kleinen Restaurant in Laos, kam der Anruf: Pauline ist tot.

Die Entfernung tat mehr weh, als ich erwartet hatte.

Wir stiegen auf einen Berg. Dort gab es einen Tempel. Ich dachte, zwischen seinen Säulen könnte ich Trost finden, ein Gefäß für meinen Schmerz. Aber nein. Mit Blick zum Horizont fing ich an zu weinen. Da waren Berge, da war Wald.

Ich erinnere mich an einen Vogel. Wir übergeben unser Leid dem Zufall dessen, der es tragen kann.

Ich liebte Pauline sehr. Sie hat meine Mutter gerettet.

Albert machte Janine einen Antrag.

Die Glocken läuteten, es gab weiße Blumen. Sie hatte sich die Haare machen lassen, und er trug eine Fliege. Sie sagte: »Ja, ich will.« Einen Mann lieben, sein Bett teilen, sich auf Hals und Zunge küssen lassen. Zum ersten Mal im Leben fasste Janine einen Mann an. Eine Hand auf ihrer Hüfte. Ein neuer Lebenshauch. Mit achtzig Jahren.

Zwei Hände, die sich festhalten, und diese Blicke, die sich ineinander versenken und sagen: Wir machen weiter. Bis zum Schluss.

Sie tanzten und gingen auf Reisen.

Als Janine anfing, ihr Gedächtnis zu verlieren, klebte meine Mutter überall kleine Zettel an die Schubladen: Teller (klein), Teller (groß), Besteck.

Bettwäsche, Decken.

Fernbedienung.

Albert war ihr Lotse, die Verlängerung ihrer Gesten, die Ausführung ihrer Absichten.

Er liebte sie.

Vier Jahre später erkrankte auch er. Er starb in seiner Wohnung, im Kreise seiner vier Töchter und seiner neuen Liebe.

Janine zog in eine betreute Wohnung.

»Herd ausmachen«

»Badezimmerlicht«

»Küchenlicht«

»Wohnzimmerlicht«

»Tür zumachen, wenn du gehst«

»Mittagessen um 11:30 Uhr«

»Abendessen um 17 Uhr«

Die Wände wie ein Automatisten-Gemälde aus Post-its, die Janines Tagesrhythmus bestimmen.

Am Spiegel unsere Fotos, darunter unsere Namen.

Meine Mutter kommt jeden Tag zu Besuch. Bei Janine brennt es einmal, dann ein zweites Mal. Sie muss umziehen.

Meine aufgelöste Mutter nimmt sie bei sich auf und findet sich bald selbst im Krankenhaus wieder, weil sie alle Welt gleichzeitig retten will.

Sie ist die Einzige, an die sich Janine zumindest noch bruchstückhaft erinnert.

Albert, glaubt sie, sei der Name ihrer elektrischen Katze, die krächzend miaut, wenn man sie streichelt. Nachts weckt sie Janine auf, und wir nehmen die Batterien heraus; jetzt bewegt sie sich nicht mehr, heißt aber nach wie vor Albert.

Pauline existiert noch auf Fotos, aber Janine erinnert sich nur noch an sie als Kind.

Mittlerweile lebt Janine im Pflegeheim St. Georges. Mit ihrer Katze Albert und ihrem weiblichen Hofstaat. Sie darf auf keinen Fall allein sein und schwere Beine bekommen.

Sie trottet über den beigefarbenen Flur und vertut sich mit der Zimmertür.

Sie stiehlt dem Nachbarn das Gebiss: »Er hat so ein schönes Lächeln.«

Auf ihren Rollator schreibt meine Mutter: »Dein Zimmer ist die 306, blaue Tür mit deinem Foto dran.«

Ein Foto der strahlenden Janine.

Wenn meine Mutter sie besucht, macht sie Janine die Haare und zieht ihr eine hübsche geblümte Bluse an.

Janine schlägt sie im Scrabble, muss aber Windeln tragen.

Die Besuche halten sie am Leben. Sie verlässt das Bett und geht mit ihren Schutzengeln in den Garten.

Aber jetzt darf sie plötzlich keinen Besuch mehr empfangen. Das Pflegeheim verschließt seine Türen vor der Außenwelt. Janine bleibt im Bett. Um sie herum bricht Panik aus, man lässt sie nicht im Stich, es werden Barrikaden errichtet, damit sie nicht krank wird. Einige Mitarbeiterinnen finden die Zeit, mit ihr zu reden, und sind hinter ihren Visieren bemüht zu bewahren, was von Janines Gedächtnis noch übrig ist.

Uns steht ein digitaler Besuch pro Woche zu. Im Roten Haus, wo die Verbindung funktioniert, empfangen wir sie ohne Maske. Vor dem Flachbildschirm erzählt meine Mutter von ihrem Alltag. Sie hat sich eine Liste zurechtgelegt, um ja nichts zu vergessen, um ihre Tante nicht im Stich zu lassen und zu verhindern, dass Janine, wenn eine Pause entsteht, wieder Lust bekommt, sich hinzulegen.

Sie erzählt von der Eule, die in ihrem Baum nistet, von den frisch eingelegten Gurken und der skandinavischen Autorin, die die Gletscher einladender und ihre Abende länger macht.

Wir haben eine kleine Show vorbereitet, ein paar Töne auf dem Akkordeon, dann *Au clair de la lune,* gesungen von ihrer Urenkelin qua Rettung. Janine braucht einen Anker. Es ist seltsam, ihr gleichzeitig so nah und so fern zu sein. Wir können sie nicht umarmen.

Ich kann mich wirklich nicht beschweren. Aber ich ersticke.

Und die Scham darüber, dass ich ersticke, erstickt mich noch mehr.

Zu viele Menschen auf denselben Dielen.

Unsere Zeit ist exakt kalkuliert, unsere Vorräte sind exakt kalkuliert, unsere Tage sind exakt kalkuliert, unsere Wörter sind exakt kalkuliert, unsere Bewegungen sind exakt kalkuliert.

Nicht mal mir selbst kann ich eingestehen, dass ich ersticke.

Ich gehe raus, und da ist sie. Die Frau in Weiß, die ums Haus rennt. Jeanne d'Arc Morency will fliehen, aber auch sie ist hier gefangen, in einem unsichtbaren Bannkreis, der sie ans Blaue Haus fesselt.

Mein Vater zieht alte Hosen und eine abgewetzte grüne Jacke an. Er nimmt sein Opinel und einen Korb, den sein eigener Opa aus Zweigen geflochten hat. Typisch mein Vater: Selbst die Gesichter von Menschen, die ihm nahstanden, vergisst er, aber gewisse Gegenstände rettet er durch die Zeiten. Sein Gedächtnis wählt sich seine Schlachten aus.

Die Zweige, aus denen dieser Korb besteht, wurden in den Goldenen Zwanzigern irgendwo in einem französischen Wald gekappt. Nun dienen sie am Rande eines amerikanischen Waldes noch immer demselben Zweck: Pilze zu sammeln.

Mein Vater schreitet mit gesenktem Kopf über die Hänge. In dieser Gegend verläuft er sich schon lang nicht mehr.

Die Pfifferlinge tauchen auf wie Goldklumpen in einem Spalt Licht zwischen zwei Farnen.

Sie wachsen niemals allein, sondern immer in Grüppchen.

An bestimmten Stellen findet man sie nach Regentagen wieder, wie treue Freunde.

Aber es gibt auch Überraschungen, die jedes Mal aufs Neue eine echte Freude auslösen, so rar wie rein: die Freude großer Entdeckungen.

Ich liebe es, hinter meinem sammelnden Vater herzugehen.

Und ich liebe es, hinter meinem sammelnden Sohn herzugehen, der hinter meinem sammelnden Vater hergeht.

Rituale sind wie Hänsels und Gretels Kieselsteine. Sie weisen uns den Weg nach Hause.

Sie sind in unserem Leben wie kleine Bojen, die verhindern, dass wir darin untergehen.

Sie sind die Fixpunkte, die uns in der Zeit verankern.

Ein Land besteht aus seinen Leuten, und ich kenne nicht mal meine Nachbarn. Ich radele bis ans Ende der Straße, um bei Maggie vorbeizuschauen. Vielleicht erinnert sie sich an die Morencys.

Immer zu einer bestimmten Tageszeit höre ich bei Maggie Schüsse. Sie zielt mit ihrem *gun* ins Leere. Aber sie ist nicht gefährlich, sie ist traurig.

Vor Kurzem erst hat sie ihren Mann verloren, und ihr gesamter Schmerz hat sich an einem Punkt zusammengezogen, genau in ihrer Mitte, dem Sitz ihres Gleichgewichts. Seither ist sie gekrümmt, als hätte ihr jemand in den Magen geboxt.

»Setz dich!«

Sie bietet mir Karamellkonfekt an. Ihr ist nach Reden zumute.

Also setze ich mich in eine schattige Ecke ins Gras und höre ihr zu. Sie scheint die Worte so lang zurückgehalten zu haben, dass sie jetzt hervorschießen und sprudeln in einem kontinuierlichen Redefluss.

Ihr Sohn geht wieder arbeiten. Sein Friseursalon durfte wieder aufmachen.

Steven streicht seinen Kunden sanft über die Augenbrauen. Er weiß, jede Art von Berührung ist momentan wichtiger denn je. Die Körper sind ausgehungert nach menschlichem Kontakt, die Seelen wie Schwämme.

Maggie hatte ihren Sohn gern bei sich. Sie gewöhnt sich

nur langsam an die Einsamkeit – für sie ist das eine große Sache – und versucht es Stück für Stück, weiß aber nicht, was sie damit anfangen soll; bald schon vermisst sie ihren Mann.

Sie erzählt mir, wie sie ihn gefunden hat. »Nachdem ihn der Wald geholt hat.«

Sie hatte den kleinen Pfad genommen, den sie kannte wie ihre Westentasche, und war mit gedämpften Schritten über den Blätterteppich geeilt …

Da sieht sie den Hochsitz vor sich, ein bisschen windschief, auf charmante Weise wackelig wie eine Anfängerin auf Stelzen.

»Dan?«

Natürlich verscheucht sie mit ihrer gepressten Stimme sämtliche Tiere.

Etwas Animalisches pulsiert in ihr, sie lauert, wittert.

Die Hütte ist leer.

Sie sucht die Umgebung ab. Sieht Blut, Blutspuren. Sie riecht daran, probiert. Es stammt eindeutig von einem Tier, ist aber schon kalt.

Atemlos folgt sie den Spuren durch den Wald.

Als Erstes sieht sie das Fell, dann die rote, noch dampfende Masse der herausgeschnittenen und sorgsam abgelegten Organe.

Das riesige Tier liegt ausgestreckt auf der Erde. Ein kapitaler, gehäuteter Elch. Sein Kopf mit einem Geweih wie aus tausend zusammenlaufenden Flüssen, es zeigt gen Himmel.

Maggie tritt ein paar Schritte näher. Neben dem Tier liegt ausgestreckt ihr Mann.

Die zwei sind einander zugewandt.

Maggie bricht zusammen. Die letzten Meter rutscht sie auf Knien, wagt es nicht, die Eintracht der Toten zu stören, und bleibt, ausgeschlossen aus ihrem Kreis, als Zeugin vor ihnen sitzen.

Der Mann ist seitlich zusammengebrochen, an seiner Brust liegt eine blutverschmierte Hand. Sein Gesicht gleicht einer Karte mit Gipfeln und Tälern, reglos und ruhig.

In der Begegnung mit dem glänzenden Tier scheint er sich selbst gefunden zu haben.

Er tötete den Elch mit einem Pfeil ins Genick. Schnitt ihn auf und nahm ihn aus. Das war der Moment, in dem ihn sein doch eigentlich so fest verwachsenes Herz im Stich ließ. Im Inneren riss eine Sehne, und der Jäger fiel, vor seiner Beute, in ihrem gemeinsamen Wald zu Boden.

Sie starben zusammen.

Jetzt durchquert Maggie den Wald in entgegengesetzter Richtung. Sie holt ihren Sohn zu Hilfe.

Als Erstes bringen sie Dan nach Hause. Tragen sein Gewicht auf ihrem Rücken, schwer von Erinnerungen, die auf sie hinabrinnen, sie überfluten. Den Leichnam des Vaters und Ehemanns legen sie in das seit dem Morgen ungemachte Bett.

Steven sagt, sie könnten den *buck* nicht dort verrotten lassen.

Aber Maggie will ihrem Mann nicht mehr von der Seite weichen.

Also kehrt Steven allein zurück.

Diesmal nimmt er den Wagen, überrollt den Wald, der ihm so vertraut ist. Am liebsten würde er ihn zu Staub zermahlen, ihn mit dem gesamten Gewicht seines Pick-ups zerquetschen.

Atemlos beugt sich Steven über das Tier.

Bevor er es auf den Wagen hievt, betrachtet er die braunen Augen, die frech den Himmel spiegeln.

Diese Augen sind die letzten, die seinen Vater lebendig gesehen haben. Tief in diesem toten Blick sucht Steven nach dessen Andenken.

Er holt die *chainsaw* aus dem Truck und sägt dem Elch den Kopf ab, wobei er versucht, nicht um alles zu weinen, was vorbei ist und was bleibt, vor allem aber nicht um alles, was er seinem Vater nicht gesagt hat. Sägt und versucht sich einzureden, dass der sich genau diesen Tod ausgesucht hätte, weil er den Wald mehr liebte als alles andere, sogar als ihn.

Maggie half Steven, den Kopf des Elchs, der seinen Vater kannte, in seinem Zimmer an die Wand zu hängen.

Maggie holt Luft, ist aber noch nicht fertig. Auf ihren Knien liegt ihr Gewehr, und je mehr Wörter aus ihr strömen, desto mehr löst sich ihr Körper. Ich sehe, wie sie sich langsam aufrichtet, also höre ich weiter zu.

Jeden Abend striegelte Maggie ihre Stute. Wer weiß, wer den Moment mehr genoss, Pferd oder Frau.

Die Frau musste dabei jedenfalls innehalten. Sie konnte

sich ganz auf die Bewegung konzentrieren oder genauso gut die Gedanken schweifen lassen.

Zurück zu Dans Lachen. Zu ihren gemeinsamen Streifzügen in jeden Winkel des Waldes. Zu seinem karierten Hemd, das er auf dem Boden ausbreitete für ihre zitternden Körper. Zu seinen warmen Lippen, seinen blattgeäderten Händen.

Wenn sie dann zu ihrer Bewegung zurückkehrte, zu den Borsten des Striegels, die durch Léonies rotbraunes Fell fuhren, war sie ruhig und ganz bei sich.

Auch für die Stute war es ein Moment absoluter Hingabe. Auf der Wiese musste sie den ganzen Tag aufpassen, hatte die Ohren stets zum Wald gerichtet, damit ihr nicht die kleinste Variation in seinem Flüstern entging.

Dieses Ritual läutete das Ende des Tages ein …

Langsam dämmert es. Ehe sie weiterspricht, steckt sich Maggie eine Zigarette an und schielt, als sie den Rauch ausbläst, mit einem Auge zum Wald.

Plötzlich ging ein Ruck durch den Körper der Stute, man sah die roten Äderchen im Weiß ihrer weit aufgerissenen Augen, und als sie einen Schritt zurück machen wollte, huschte direkt über Maggie ein riesiger Schatten hinweg.

Ein Tier stürzte sich auf die Stute, die sofort floh, ihren Verfolger auf den Fersen. Maggie blieb wie angewurzelt stehen. Sie machte sich in die Hose. Aus ihrer Kehle drang kein Laut. Die Stute verschwand im Wald. Lange Schmerzensschreie zerfetzten die Stille und fuhren Maggie direkt in die Magengrube.

»Möchtest du noch ein Bonbon?«

»Nein, danke.«

»...«

»...«

Die Polizei nahm ihren Bericht zu Protokoll.

Sie beschrieb genau, wie das riesige gräuliche Tier hinter ihr aufgetaucht war. Dass es sie bewusst übersprungen hatte, um sich direkt auf die Stute zu stürzen.

Ein Kojote? Vielleicht ein Luchs?

Noch immer liegen Léonies Überreste im Wald verstreut. Die Knochen, die Hufe, ein Teil ihres Kopfs.

Auf der Leiche der Stute fand man rötliches Haar.

Maggie hat keinen Mann und kein Pferd mehr.

Jeden Abend stellt sie sich vor den Stall, Auge in Auge mit der Natur. Mit ihrem Zwölfer-Kaliber schießt sie auf die Bäume, tötet den Wald, der ihr die Liebsten genommen hat.

Die DNA-Analyse ergibt, dass es sich um Pumafell handelt.

Felis concolor, auch »Puma« oder »Berglöwe« genannt, verschwand, zumindest offiziell, irgendwann zwischen 1925 und 1930 aus Québec.

Trotz mehrerer beunruhigender Zeugenaussagen halten sich die Experten zu seiner möglichen Rückkehr bedeckt.

Bevor ich mich wieder auf mein Rad schwinge, frage ich die jetzt aufrecht sitzende Maggie, ob sie eine gewisse Jeanne d'Arc Morency kannte.

»JAM … *I heard about her, for sure.*«

Mit einem Mal krümmt sich Maggie wieder zusammen; sie dreht mir bereits den Rücken zu, wieder ganz bei ihrem Schmerz.

»*She was too free.*«

Ich fahre zum Blauen Haus zurück, den Wald fest im Blick, der seine Toten für sich behält. In der Ferne fallen Gewehrschüsse, und die Köpfe der Seidenpflanzen rollen.

Wir besuchen die Großeltern im Roten Haus. Mit dem vorgeschriebenen Abstand kommen die Kinder besser klar als ich. Sie sagen öfter »blöder Virus« als »guten Tag«, als »ich habe Hunger«, als »ich hab dich lieb«. Diese dicke Trennwand, die zwischen uns hochgezogen wurde, macht ihnen viel weniger aus als uns.

Zum Tanzen schneiden wir zwei Meter lange Zweige zurecht, und jede Generation schnappt sich ein Ende. Wir lassen uns nicht los. Der Abstand wird zum unsichtbaren Kitt, der uns zusammenhält.

Meine Mutter hat Geburtstag, und wir singen:

»*C'est pas que je sois de première jeunesse,*
la vie a passé sous les ponts,
mais le bateau est encore bon,
et le temps n'est pas à la paresse,
on va pas se quitter comme ça…«

»Ganz jung bin ich auch nicht mehr,
Viel Leben floss unter Brücken hindurch,
Aber das Schiff ist noch flott,
Faul sein können wir wann anders,
So gehen wir nicht auseinander …«

Die Musik schafft es, das Grau dieser Tage zu durchbrechen, unsere Füße folgen an beiden Enden der Stöcke dem

Takt und stapfen auf den Erdboden. Wir sind aus demselben Saft.

Es gibt eine Pflanze, die tanzt.

Sie heißt *desmodium gyrans* und sieht auf den ersten Blick so banal aus wie die meisten Pflanzen. Aber wenn man in ihrer Nähe singt, regen sich ihre winzigen Blättchen.

Schon lange versuchen sehr seriöse Männer herauszufinden, warum *desmodium* tanzt. Wie macht sie das, und zu welchem Zweck?

Aber bis heute weiß niemand die Antwort.

Kann die Wissenschaft Vergnügen nachweisen? Oder Freude?

Kann sie Widerstand nachweisen?

Es war Sommer, und ich trug bauchfreie Tops, hatte winzige Brüste und eine kleine Pickelsammlung auf der Stirn. Ich guckte die Musikvideo-Sendung *Combat de Clips* und war in unseren Schulhausmeister verliebt, der auf meiner »Kracher-Liste« Platz drei belegte, gleich nach Keanu Reeves und dem Bassisten von Guns n' Roses. Ich befand mich im herrlich waidwunden Herzen der Jugend. Ich machte jeden dritten Tag blau, um den Blicken der anderen zu entgehen, und floh mit Stephen King auf die Dächer der Stadt. Morgens verabschiedete ich mich mit meinem Rucksack und einem möglichst beiläufigen »Tschüss« von meinen Eltern, lief die Stufen runter zum Weg hinterm Haus und ging an den Mauern entlang bis zur Straßenecke. Dort führte eine Feuertreppe bis ganz nach oben, vorbei an sämtlichen Stockwerken, wunderbar unnütz für alle außer mich.

Wenn ich sicher war, dass mich niemand beobachtete, kletterte ich die Stufen hinauf bis zu den Dächern, die mein Reich waren. Hier verschmolzen die Häuser der Straße zu einem langen, anonymen Pfad, über dem der Himmel begann und wo ich hinter Oberlichtern Schatten fand.

Unten lief ein Mädchen mit Obstkorb und Manga-Augen vorbei, bevor Mangas hier jemand kannte. Ohne dass sie es bemerkte, flutete ihre Schönheit die gesamte Straße.

Sie war temperamentvoll und zauberhaft. Ihre Lebendigkeit kollidierte mit meiner.

Ich wollte sie kennenlernen und lud sie ein, mit aufs Land zu kommen.

Ich hatte meine Seelenverwandte gefunden. Wir waren nicht aus demselben Stoff, hatten aber exakt dasselbe Verhältnis zu Sonne und Wind.

Wir waren dreizehn oder vierzehn Jahre alt und sollten uns nie mehr loslassen.

Auf Fahrrädern erkundeten wir das Land, stellten überall unsere Zelte auf, tanzten in Bars und auf Feldern zu Roma-Musik.

Eines Tages ging sie auf die Schauspielschule, und ich unternahm Reisen in alle Welt, brachte mich in Gefahr, um am Leben zu bleiben. Und wir verloren uns noch nicht mal aus den Augen. Ich bewahrte all ihre Briefe auf. Wir hatten das Glück, uns nie in dieselben Jungs zu verlieben, was uns jede Menge Ärger und Fluchten ersparte.

Sie teilt ihr Leben, und nun auch das meine, mit einem sensiblen und tiefgründigen Mann, den alles anrührt, was auf Erden wächst. Seine Wut verwahrt er in einer Innentasche mit einem winzigen Vorhängeschloss, dessen Schlüssel er manchmal verliert.

Sie ist impulsiv und kompromisslos, liebevoll und stark. Umgeben von einer unsichtbaren zweiten Haut, die auf die Schatten reagiert, die ich an mir selbst nicht kenne. Sie liest mich trotz meiner verborgenen Passagen, und sie ist ein offenes Buch, in das ich abtauche.

Jetzt, wo wir hier sind, habe ich den Eindruck, ich müsste Teile von mir auslöschen, damit ihre weiter existieren können.

Dieselben vier Wände zu teilen, unsere Lieben zu vermischen, unsere Verstecke aufzugeben und unser Frausein anzugleichen zermürbt uns und laugt mich aus. Wenn Vollmond ist, bluten wir zusammen.

Die Territorien verschwimmen, und ich weiß nicht mehr, wohin mit meinen Geheimnissen, ich habe weder Schützengräben noch Rückzugsgebiete. Alles von mir verdampft in den anderen, ich bin völlig leer.

Ich flüchte mit dem Fahrrad auf unbefestigte Serpentinen, bezwinge Berge und erfinde mir Reisen.

Ich habe das Bedürfnis, mich ganz allein vom Blick der anderen zu befreien, ihre Erwartungen zu sprengen.

Ich brauche Luft, die nur mir gehört.

Ich brauche meine Luft.

Die Rettung finde ich woanders, in der Nähe des Klosters.

Der Waldmann kommt nicht aus dem Wald, aber dort kommen wir zusammen.

Unter uns schaffen wir die zwei Meter Abstand ab, die uns beschützen sollen.

Wir reißen sie in Fetzen, machen Konfetti daraus und verschlingen unsere Körper im gefährlichen Regen.

Ich bin umgeben von zu vielen Linien, zu vielen Spuren, die mich einengen, zu vielen Grenzen, an denen ich mich wund reibe. Um sie zu sprengen brauche ich einen Raum, und der ist hier, in den Poren dieser Haut, ohne Mauern und ohne Dach, hier bin ich ein Sprung ins Leere.

Ich liebe seine großen Hände, die reparieren.

Ich liebe seine Zunge, die schmeckt.

Ich liebe sein kräftiges Lachen, das ihn stützt wie ein selbst geschnitzter solider Stock.

Ich liebe sein einfaches Verhältnis zur Welt.

Eine Zeit lang leiht er mir seinen Atem.

In dem Moment, als ich in Sichtweite des Klosters aus dem Wald komme, streckt ein riesenhafter Priester den Kopf aus dem Garten.

Er trägt eine lange schwarze Kutte, und sein weißer Bart

reicht ihm bis zu den Knien. Gott hat seine Gartenarbeit unterbrochen, um über mich zu urteilen.

Seine kleinen schwarzen Augen folgen mir bis zu meinem Fahrrad, das weiter unten an der Brücke auf mich wartet. Hastig steige ich auf, aus Angst, dass er mich verfolgt. Er sieht aus, als wüsste er alles. Ich stecke mir eine Zigarette an und lasse meine Schuldgefühle am Wegesrand liegen. Sollen sie doch da verrotten. Oder soll Gott damit seine Tomaten düngen, das wirkt bestimmt Wunder.

Mir bleiben noch ein paar Minuten Freiheit.

Mein ganzer Körper tut weh.

Auf dem Weg durch den Wald versuche ich, die letzten inneren Knoten zu lösen.

Bäume heilen Menschen. Das ist bewiesen. Bei manchen Krankenhäusern wurde auf einer Seite Wald gepflanzt.

Diejenige Hälfte der Patienten, die dazu Zugang hatte, wurde gesund, die andere starb.

Der Wald ist lilafarben. Es ist Abend. Wir warten. Alle sitzen im Schlafanzug lauernd am Fenster.

Dann, in der Ferne, Motorengeräusche. Das sind sie. Aufgeregt rennen wir vor die Tür.

Zwei krausbärtige Männer – Vater und Sohn – steigen aus ihrem Transporter, nicken uns zu, krempeln die Ärmel hoch und öffnen den Kofferraum.

»Die Straße ist eine Katastrophe.«

Wir widersprechen nicht. Die Straße besteht nur noch aus Matsche und Schlaglöchern. Aber wir mögen sie so. Wir sind Wilde.

Mühsam hieven sie eine vergitterte Holzkiste aus dem Wagen, die von der Reise ein bisschen ramponiert ist. Ein Hühnerstall, und er ist schwer.

Wir führen sie hinters Haus, ans Flussufer. Hier können sie das Hühnerhaus am besten abstellen. Die Tiere werden erst in ein paar Wochen geliefert. Aber wir zählen schon die Tage.

Vater und Sohn, die beiden Delinquenten, fahren wieder ab. Sie haben das Gesetz gebrochen: In diesen restriktiven Zeiten gilt ihre Arbeit nicht als systemrelevant. Einen Hühnerstall zu verladen ist zu einer illegalen, verwegenen Tat geworden. Namenlos verschwinden sie wieder in der finsteren Nacht.

Der leere Hühnerstall knarzt unterm Rotahorn im Wind.

In unserem Haus leben Mäuse. Und Nattern und Eichhörnchen.

Also legen wir Köder aus und sammeln morgens die kleinen, in der Überraschung erstarrten Kadaver ein.

Die Kinder finden einen Schatz und halten ihn verborgen in ihren Händen … Sie reichen ihn sich untereinander weiter, vorsichtig und ergriffen von diesem Leben, das fragiler ist als ihr eigenes.

Eine Maus so groß wie ein Fingernagel. Mit unseren Erdnussbutter-Fallen haben wir ihre Mutter getötet. Die Kinder zähmen die Maus, sprechen sanft mit ihr, fangen für sie Regenwürmer, bauen ihr ein kleines Haus aus Pappkartons, dessen Wände sie mit Bildern verzieren: Wolkenkratzer, Parks, Autos … Eine ganze Bleistiftstadt.

Sie taufen die Überlebende Xénia. Ein Prinzessinnenname für eine nackte Babymaus.

Sie stellen Xénia ein Tellerchen mit in Milch aufgeweichtem Brot hin.

Sie zieht eine Schnute, also wird sie mit der Pipette gefüttert.

Die Kinder ermutigen sie zum Leben. Sie versprechen ihr Reisen zum Mittelpunkt ihrer Jackentaschen und ewige Liebe.

Aber Xénia stirbt trotzdem. Um sicherzugehen, dass sie auch wirklich tot ist, beißt ihr eins der Mädchen ins Genick.

Ein Verbrechen, das das kleine Quintett erstarren lässt, aber den Tod eindeutig bestätigt.

Die Verstorbene wird in Bertolts Schatten begraben und ist damit nicht die Erste.

Die Kinder widmen ihr eine feierliche Zeremonie mitsamt Schokotropfen.

Schweigend und im Knien lassen sie die Süßigkeit auf ihren Zungen zergehen.

Ein kleiner Nachbar kommt etwas zu spät: Die Beerdigung ist schon vorbei, die Schokolade verschlungen und die Münder verschmiert.

Doch die Kinder sind großzügig, wollen ihren Schmerz teilen. Also buddeln sie, rund um den kleinen Erdhügel hockend, mit bloßen Nägeln in der Erde und exhumieren Xénias Kadaver. Den staubigen Leichnam betten sie in der Hand des Nachbarskinds, das, völlig baff, sogleich losrennt, um ihn seinen Eltern zu zeigen, und damit einen waschechten Skandal und jede Menge Aufregung auslöst.

Xénias Grabstätte ist bald wiederhergestellt: Die Maus ruht in der Erde, und Bertolt wird für immer über sie wachen.

Amen.

Der kleine B lebt ein Stück weiter an der Straße, bei der Wegkreuzung. Ich war auf der Suche nach Butter, als ich bei ihm geklingelt habe und er mich auf einen Kaffee hereinbat.

Jetzt erzählt er mir, die Hand um seine dampfende Tasse gekrallt, die Geschichte seines großen Bruders.

Der große B bittet seine Frau, spazieren zu gehen. Der Moment ist gekommen. Sie weiß es, sie ist eingeweiht.

Also geht sie spazieren, schaut dabei starr geradeaus in die Ferne, heftet den Blick an den Horizont.

Unterdessen schluckt er furchtbar viele Tabletten. Die Handgriffe sitzen, er ist sie zigmal in Gedanken durchgegangen. Er will sterben. Die Krankheit breitet sich heimtückisch in seinem gesamten Körper aus, übernimmt einen Nerv nach dem anderen, wie bei einem Putsch. Bald hat er keine Kontrolle mehr.

Er begibt sich wie mechanisch in die Garage und setzt sich in seinen alten Chevrolet. Er ist ihm vertraut wie ein alter Freund. Er verlässt sich auf ihn. Alles ist vorbereitet, er verbindet das Auspuffrohr mit dem Fenster auf der Beifahrerseite. Das ist weit genug weg, dass er sich nicht noch mal umentscheiden kann.

Dann startet er den Motor und schiebt die Johnny-Cash-Kassette rein. *Hurt.* Seit der Diagnose suchte er nach dem besten Song zum Sterben. Stellte eine Top-Fünf auf, aber dieses Lied wurde nie vom Thron geschubst. Er schließt die Augen.

I hurt myself today
To see if I still feel
I focus on the pain

Nach und nach füllt sich das Auto mit dichtem Qualm und einem Hit, zum Sterben schön.

The only thing that's real
The needle tears a hole
The old familiar sting
Try to kill it all away

Nichts.

But I remember everything
What have I become
My sweetest friend?

Es passiert einfach nichts.

Everyone I know
Goes away in the end

Weder wird er gefühllos noch benommen.
    Das Lied ist vorbei.
    Er ist nicht tot.
    Mit einem trockenen *Klack* geht die Kassette zu Ende.

Seine Frau kommt zurück.

Er steht da, genau wie vorher.

Erbärmlich.

B ruft seinen kleinen Bruder an.

»Ich brauche deine Hilfe. *My car's too old to kill me.*«

Die beiden sprechen täglich miteinander. Sie sind in den USA aufgewachsen, in Cleveland, Ohio. Ihre Mutter war Kommunistin, und während der McCarthy-Ära versteckten sie sich gemeinsam hinter der Waschmaschine, um verbotene Musik zu hören.

»Bin unterwegs, Bro.«

Sie wohnen mehrere Autostunden entfernt, das hat sich aber nie wie weit weg angefühlt. Sie hocken immer noch zu zweit hinter der Waschmaschine.

Als der kleine Bruder eintrifft, liegt der große im Bett, seine Frau, die Bescheid weiß, kramt in der Küche. Sie bereitet eine Dosis vor, die vielleicht hilft. Die Pflegekraft hat im Eisfach einen Vorrat Morphin dagelassen. Für den Fall, dass die Schmerzen zu groß werden.

Der große B sagt zum kleinen B, die Pflegekraft komme um 16 Uhr, bis dahin wolle er es hinter sich haben.

»Ich will sterben.«

»Okay.«

»Versprochen?«

»Versprochen.«

Der große B nimmt die Hand des kleinen B und dankt ihm. Er schluckt die sehr große Dosis Morphin, und dann warten sie gemeinsam ab.

In den Armen des kleinen B schläft der große B ein.

Es vergehen Stunden.

Der kleine B sitzt mit seiner Schwägerin in der Küche bei einer Kanne Tee. Nebenan im Bett atmet der große B noch immer.

Er scheint zwar nicht bei Bewusstsein, aber am Leben.

Zwölf Uhr mittags. Der kleine B hält seine Hand wenige Zentimeter vor den geöffneten Mund seines Bruders. Darin sammelt sich Atem, den seine Handfläche trinkt wie kostbares Wasser, das bald versiegt.

»Wir müssen die Dosis erhöhen.«

Die Frau des großen B holt das restliche Morphin aus dem Eisfach und schiebt es ihrem Geliebten komplett in den schweren Mund.

Der kleine B hält seinen Kopf. Aber es funktioniert nicht. Er muss die Tabletten hinten im Rachen mit den Fingern runterdrücken.

»*Swallow … Swallow, Bro … Come on.*«

Es funktioniert. Bro schluckt.

Schlaff sackt er zusammen, das Bett schon fast ein Grab.

Sie warten lieber in der Küche bei geöffneter Tür, durch die sie den großen B noch atmen hören, jetzt aber langsamer.

Dann Stille … und plötzlich ein lautes Luftholen, das klingt wie von unter der Erde. Es ist ein Uhr, und alle fünfundzwanzig Sekunden ertönt ein lang gezogenes Einatmen.

Der kleine B dreht in der Küche vor Anspannung fast durch.

Die Pflegerin darf sie auf keinen Fall so vorfinden.

Die Ehefrau sagt: »*We are going to jail.*«

Wir landen im Gefängnis.

Der kleine Bro und seine Schwägerin sehen sich an.

Er steht auf und fühlt sich noch kleiner als zuvor. Dann nimmt er ein Kissen und betritt das Schlafzimmer.

Aneinander gekauert hinter der Waschmaschine hören die beiden Brüder verbotene Musik.

Der kleine Bro tritt näher und drückt das Kissen aufs Gesicht seines großen Bro. Einen Moment lang geschieht nichts. Dann bäumt sich der große Bro auf, sein ganzer Körper steht unter Spannung: Er kämpft dagegen an!

Der kleine Bruder kann nicht weitermachen: Dieser Körper will leben.

Er bricht in Tränen aus.

Er ist wütend auf seinen großen Bruder, der von ihm verlangt, zum Mörder zu werden, und es dann wagt, sich zu wehren.

Das macht er absichtlich, davon ist er überzeugt. Damit er es auch ja nicht zu leicht hat mit seiner Aufgabe. Gleich beim ersten Versuch sterben, einfach schlaff und bleich werden, nein: Sein kleiner Bruder muss mutig, muss stark sein, ihm seine Loyalität beweisen.

Es ist zwei Uhr.

Wieder hört der große Bruder auf zu atmen. Und fängt von Neuem an, mit einem langen unterirdischen Röcheln, das sich über die Stille legt.

We are going to jail.

An der Wand hängen Fotos eines lächelnden großen B, neben ihm ein Kind, das frech in die Kamera schaut. Der kleine B braucht Hilfe.

»*Call your son*«, sagt er zu seiner Schwägerin.

Der Sohn kommt. Er versteht. Er wusste, dass es irgendwann so weit sein würde. Er hätte es lieber anders gehabt, hätte sich gewünscht, dass sein Vater spurlos verschwindet wie ein aufgescheuchter Vogel. Aber da ist das zerstörte Gesicht seiner Mutter. Aber da ist ihr durchscheinender Körper, erdrückt von der Angst. Aber da ist das Leben, das auch ihr zusteht.

Der Sohn will dem kleinen B helfen.

»*I will hold his arms.*«

Sein Onkel nickt, er ist des Tötens müde.

Dieses Mal wickelt er ein langes Stück Cellophan von der Rolle. Während der Sohn seinem Vater die Arme festhält, setzt sich der kleine Bro auf die Beine des großen. Er drückt ihm die Folie auf Mund und Nase. Und presst. Und presst. Und presst. Dicke Tränen tropfen aufs Plastik, zerfließen in langsamem Zickzack, als wären sie selbst fasziniert von diesem suchenden Mund, dieser komprimierten Luft.

Der große Bro ist stark. Aber der kleine Bro ist entschlossen, sein Versprechen zu halten.

Er presst die transparente Folie auf das Gesicht seines großen Bruders, bis sein Körper aufhört zu zappeln. Bis das Leben aus ihm weicht. Es ihn endlich aufgibt.

Der große Bro atmet nicht mehr.

Der große Bro ist tot.

Der kleine Bro liegt zitternd in den Armen des Sohnes, der auch zittert. Als entlade sich das Leben des großen B vorübergehend in ihre Körper, bevor es endgültig verschwindet.

Sie gehen zu seiner Frau in die Küche, und der Schmerz streckt sie nieder; auf Knien, auf dem Linoleumboden, brechen sie in Schluchzen aus.

Sechzehn Uhr.

Es klingelt.

We are going to jail.

Sie sitzen um den Tisch herum und machen sich zitternd ein Bier auf. Die Pflegekraft kommt herein.

Sie trägt rote bequeme Schuhe, einen vergilbten Kittel, und ihr Haaransatz ist weiß wie Schnee.

Als sie sie freundlich begrüßt, duftet ihre Stimme nach Filterkaffee.

Sie geht ins Schlafzimmer, die anderen bleiben in der Küche.

Sie sagt etwas zum großen B, der nicht antwortet. Sie notiert etwas. Dann kehrt sie zurück.

Sie erklärt den großen B offiziell für verstorben und bittet seine Frau, unten auf der Seite zu unterschreiben.

Es kommt ihnen vor, als brauchte sie dafür eine halbe Ewigkeit.

Die schwerfälligen Zeiger der Uhr und die zugeschnürte, trockene Kehle des Sohns und das Summen des Kühlschranks und die Krallen der Katze auf dem Boden und ihre Zunge in der Wasserschale.

Die Pflegekraft nimmt sie alle nacheinander in den Arm. Ihre warmen Wangen riechen nach Make-up.

Der kleine B schließt die Augen. Am liebsten würde er in ihrer weichen Haut versinken, sie über sich ziehen wie eine Decke.

Sie spricht ihm ihr Beileid aus.

Auf der Türschwelle bleibt sie stehen. Ein vor der Außenwelt erstarrter Körper, wie ein winziger Sprung in der Zeit. Sie dreht ihnen den Rücken zu. Dann bahnt sich ihre Kaffee-mit-Zucker-Stimme einen Weg zu ihnen, auf Bodenhöhe, um sie nicht allzu sehr zu belästigen.

»Das Morphin, das ich Ihnen dagelassen habe, soll ich es mitnehmen, oder entsorgen Sie es selbst?«

Sie wissen nicht, ob sie überhaupt ein Wort herausbekommen. Also schauen sie sich an, und ihre Stimmen helfen sich gegenseitig.

»Machen wir selbst«, sagen sie im Chor, wie unzählige Male geprobt.

Langsam, um niemanden zu erschrecken, setzt sich die Pflegekraft in Bewegung, verlässt ihren Rahmen, sagt »good« und geht die Treppe hinunter, von der die Farbe blättert. Aus dem aufgeplatzten Beton der Stufen pflückt sie einen Löwenzahn und verschwindet für immer.

Der kleine Bro lebt in der Nähe vom Blauen Haus. Er trägt seine Geschichte tief in den Wald.

Tagsüber modelliert er Erde. Verleiht ihr Form, macht sie lebendig.

Er schläft auf seiner Veranda, um immerzu den Todeskampf wilder Tiere zu hören. Hier stirbt jede Nacht jemand.

Bevor ich gehe, erzählt mir der kleine B, dass ihn die Lebenden nicht mehr groß interessieren. Außer Hermann, seinem Nachbarn, dem er gern aus der Ferne zusieht.

Der kleine B fixiert mich, als würde er einen Schmetterling aufspießen.

»Aber das ist was anderes. Hermann ist ja kein Mensch …«

Er fährt fort, formt sein Rätsel, wie er es mit der Tonerde tut: *»Ask Stan about your ghost. She could know …«*

Ich bedanke mich für die Geschichte und den Kaffee und lasse den kleinen B in seinem Garten zurück, in dem Brombeeren wachsen und fröhliche Tonfiguren, denen der Regen nichts anhaben kann.

Stan wohnt schräg gegenüber vom kleinen B in einem hübschen, hinter einem Bollwerk aus großen Kiefern versteckten Haus.

Als sehr junge Frau zog sie von Holland nach Kanada und fand in der Innenstadt von Montréal eine Anstellung bei einer Bank, es machte ihr nichts aus, dass eine Stunde der anderen glich, im Gegenteil.

Heute wohnt sie mit ihrem Hund hier im Tal, schlank und strahlend schön, das Haar von Silber durchzogen, das Gesicht zerfurcht.

Ein Mann nahm sie einst mit hierher. Er war Psychiater, arbeitete für Ärzte ohne Grenzen.

Er zeigte ihr seinen Wald und sein Haus darin, und Stan ging nie mehr fort.

Hinterm Haus hört sie die Kojoten heulen.

Jeden Tag läuft sie in ihre Richtung, und wenn ihr Mann da ist, mit ihm gemeinsam.

Dieses riesige, kilometerweite Waldgebiet gehört nur ihr allein.

Eines Tages fängt sich der Mann in einem entlegenen Winkel Kambodschas einen seltsamen Virus ein. Er stirbt, und Stan erbt seinen Wald. Aber sie hat keine Ahnung, wie man Land besitzt.

Ihre zweihundertachtzig Hektar überlässt sie den Tieren.

Inmitten dieser neuen Unendlichkeit kuschelt sie sich ans Fell ihrer alten Hündin. Die Schreie, die in einem erstickten Stakkato zwischen den Bäumen aufsteigen, erzählen von Geburt und Tod, und so lässt sie sich wiegen vom Vergehen der Zeit.

Sie streift durch den Wald und begegnet Bären, Ottern, Nerzen, Rotluchsen und Vielfraßen. Auch Pumas, deren Fellbüschel sie sammelt.

Das feine Tierhaar ruht in ihrer Handfläche. Falls die Raubkatzen ein neues Revier suchen, wird sie ihnen eins finden, und zwar ein riesiges.

Stan schließt sich den Jägern an: Auch ihnen ist wichtig, das Land zu schützen und die Wildnis zu bewahren. Stan ernährt sich vom Zellgewebe des Waldes und macht ihn zu ihrer Armee, sie zieht in den Krieg, um zu erhalten, was sie am Leben erhält.

Genau dort finde ich sie, am Rand der dreitausendsechshundert Hektar, die dank ihres Einsatzes der Fauna überlassen wurden.

Hinter ihrem Haus beginnt das größte Naturschutzgebiet östlich der Rocky Mountains.

Anstatt auf die Barrikaden geht Stan jetzt hinunter zum Bach.

Sie sei keine Aktivistin mehr, erklärt sie mir, komme dafür aber jetzt ihrem Herzen näher. Das sei eine andere Art Kampf, haucht sie lächelnd.

Nichts lässt Stan mehr zwischen sich und die Erde kommen.

Sie versinkt souverän in der wogenden Üppigkeit ihres Landes. Auf meinem Arm landet ein grell orangefarbener Schmetterling.

»Diese Pracht können sich die Monarchfalter nur dank der Seidenpflanzenmilch leisten. Sie sind die einzigen Insekten, deren Raupen das Gift nichts ausmacht. *Isn't that amazing?*«

Lässt sich ein Vogel von der herrlichen Schönheit des Schmetterlings dazu hinreißen, ihn zu fressen, stirbt er umgehend an Herzstillstand. Der Monarch ist der König des Himmels.

»Sagt Ihnen der Name Jeanne d'Arc Morency etwas?«

»Ja. Manchmal im Herbst kehrt sie zurück. Wenn die Seidenpflanzen reif sind.«

Stan kehrt mir den Rücken zu, aber ich weiß, dass sie lächelt.

Im Herzen des Tals bleibe ich wie angewurzelt stehen.

»Sie … kehrt zurück?«

Stan verschwindet im Farn, der im Unterholz raschelt.

»Ja, sie kehrt zurück. Vermutlich halten sie irgendwelche Erinnerungen hier …«

Jetzt stehe ich als einziger Mensch noch aufrecht in diesem Feld und fühle mich plötzlich umringt. Kein bisschen allein.

Ich kann Stan nicht mehr sehen, aber ihre Stimme erreicht mich noch.

»Diese Verbindung mit der Natur … Die wird uns retten.«

Mamaaaaaaaa! Komm mal schnell gucken!«
An den Stängeln der Seidenpflanzen hängen kleine weiße Wolken wie aus Spucke. Als Kind nannte ich sie Schneckensabber.

Meine Jüngste schmiert den merkwürdigen Schaum auf ihre Kriegsverletzungen: Als Kleinste übersteht sie tapfer jede Fantasieschlacht ihrer großen Brüder.

In der feuchten Hitze, die in den Wölkchen herrscht, schläft ein zukünftiges Insekt: die Wiesenschaumzikade.

Geschützt von diesem schaumigen Kokon lässt das winzige, leuchtend grüne Wesen die Tage und Fressfeinde vorbeiziehen. Eine weitere kleine Erkenntnis, die wir auf unsere kostbare Kette neuer Geheimnisse fädeln.

Am Abend steht die große Zecken-Inspektion an. Unsere Region ist eine Hochburg dieser winzigen, furchtbaren Krankheitsüberträger. Sie müssen ausnahmslos entfernt werden, und wir haben daraus ein Ritual gemacht.

Zu unserem Alltag gehört auch das Getöse, mit dem ich, das Staubsaugerrohr in beiden Händen, Fliegen und Marienkäfer entferne.

Wenn ich die Gläser vom Vortag auskippe, schwimmen darin immer ein paar tote oder fast tote Insekten. An die zehn Marienkäfer strampeln im Wasser auf der Stelle. Rudern pausenlos mit den kleinen Beinchen. Sie schlagen sich wacker, finde ich.

Vielleicht versuchen sie auch nur, die vielen Wünsche zu retten, die ich auf ihren Rücken abgelegt habe. Aber jetzt ist keine Zeit für Poesie: Ich spüle meine Wünsche im Klo hinunter.

Die Kinder legen sich nackt ins große Bett und erwarten mich mit ausgestreckten Armen und Beinen wie kleine Sterne. Ihre Körper sind bereit für die Untersuchung. Meine Hand fährt über ihre Haut wie über kleine unabhängige Staaten. Immer noch erstaunt, dass ich sie erschaffen habe. Auf der Jagd nach dem unerwünschten Tier streichen meine Finger über Rücken, Nacken und Fußsohlen und hinterlassen eine Spur aus Gänsehaut.

»Noch mal, Mama …«

Draußen singen die Frösche, dann erobern die Glühwürmchen den Himmel.

Und mittendrin der gurgelnde Bach, Pulsader der Nacht.

An der Leiste meines Kindes sitzt eine Zecke.

Ich finde dieses Tier widerlich und faszinierend zugleich. Die Zecke ist ein wahres Beispiel an Geduld. Auch diese hier hat stunden-, tage-, wenn nicht wochenlang am Fuß eines Stängels im Wald gesessen und reglos auf meinen Sohn gewartet! Die Zecke bewegt sich nicht, hofft einfach, dass ihre Beute zu ihr kommt, damit sie sich auf sie stürzen kann. Kommt keine, kann sie sogar sterben. Um zu überleben, verlässt sie sich auf die Bewegung der anderen. Außerdem können Zecken direkt aus der Luft trinken, ihr das enthaltene Wasser entnehmen. Schweiß und warmes Blut wittert sie schon von Weitem, und kreuzt ein Tier schließlich ihren Weg, gibt es kein Entkommen.

Durstig klammert sie sich an ihm fest und sticht zu. Den Kopf ins Blut getaucht, den Körper sichtbar, labt sie sich an ihrer Oase, trinkt und trinkt und wird dabei zusehends größer.

Ich packe sie, drehe sie und schraube sie raus, damit ihr Kopf nicht in der Haut meines Sohns stecken bleibt.

Jetzt hab ich sie, zwar mit verdrehtem Rostrum, aber vollständig und zappelig, strampelnd und aufgebläht: bereit zur Paarung.

Ich zerquetsche sie zwischen meinen Fingern.

Handynetz gibt es erst weit weg vom Haus. Wo die Straße zur Kurve ansetzt, empfängt man plötzlich andere Stimmen, die klingen wie aus einer Paralleldimension.

Montréal ist dran und ganz aufgeregt.

Und die Gänseblümchen am Wegesrand sind kurz vorm Erblühen.

Ich pflücke die Knospen zu Hunderten in einer meditativen Bewegungsfolge, während ich am Telefon die vielleicht unmittelbar bevorstehende Veröffentlichung meines neuen Films bespreche.

Zwei entgegengesetzte Sphären berühren sich, aber es findet kein Austausch statt.

Beide kommen mir auf ihre eigene Weise kurzlebig vor.

Der Trailer läuft ab Spätsommer vor einem Blockbuster.

Im Dorf kaufe ich Apfelessig, um Gänseblümchen-Kapern zu machen.

Ich laufe mal wieder hoch in die Berge. Es tut gut, nichts und niemandem zu nützen. Nur noch Bewegung zu sein. Ich muss nichts tun, außer mich dem Gipfel nähern. Die Wege, denen ich folge, entstehen erst unter meinen Schritten, und ich versuche, mich zu verlaufen, schaffe es aber nicht, die Bäche hier kennen und umfangen mich.

Ich treffe wieder den Waldmann, meine letzte Reise. Hier kann ich mich endlich verlieren. Ich erforsche ihn ausgiebig, schmecke ihn langsam, will die Spuren seiner Krallen bewahren und feucht von seinem Atem wieder aufbrechen.

Dank ihm rette ich mich über einen weiteren Tag.

Wir verabschieden uns auf dem Gipfel, ohne zu wissen, ob wir uns wiedersehen.

Danach gehe ich auf direktem Wege nach Hause und verspäte mich hautnah.

Der Tag hält länger durch als die Kinder.

Als es endlich Nacht wird, erwachen die Sterne, gefolgt von den Glühwürmchen.

Wir lernen, die tiefschwarze Nacht zu bezwingen. Das von unseren Vorfahren ererbte Gedächtnis bewahrt noch einen Rest Misstrauen in sich auf, das notwendig war für unser Überleben. Wir begeben uns hinein. Tanzen mit dieser Erinnerung.

Wir wecken die Kinder.

Im Schlafanzug treten wir in selbst erfundene Spuren. Wagen uns vor in diese Unermesslichkeit und akzeptieren, dass wir blind sind. Spüren den warmen Wind, der uns sagt, wo unsere Körper enden. Konturenlos gehen wir durch die Nacht und beschließen, ihr zu gehören.

Die Kinder suchen ihr Gleichgewicht. Gebückt fangen sie Leuchtkäfer im Gras und setzen sie in ein Glas.

Jede Glühwürmchen-Art kommuniziert in einem spezifischen Leuchtrhythmus. Daran erkennen sich Männchen und Weibchen wieder. Das Männchen pulsiert, und das Weibchen antwortet, ihre Phrasierungen ergänzen sich musikalisch, und sobald sie sich gefunden haben, kommt es zur Paarung.

Die Weibchen einer bestimmten Leuchtkäfergattung namens *photuris* beherrschen allerdings neben der eigenen noch eine weitere Partitur. Nachdem sie ihr Lichtspiel für das Männchen der eigenen Art aufgeführt hat, stimmt *photuris* den Rhythmus einer anderen Glühwürmchenart an. Glücklich, endlich erhört worden zu sein, gesellt sich ein Männchen zu ihr, um den ersehnten Moment zu feiern, doch *photuris,* die Femme fatale, verschlingt ihn in einem einzigen Happen. Aus dieser Mahlzeit generiert sie eine chemische Substanz, mit der sie sich die eigenen Fressfeinde vom Leib hält.

Jetzt erhellt das Glas die kleinen Gesichter, aus denen sämtliche Müdigkeit gewichen ist. Die Kinder füllen ihr Nachtlicht mit Gilbweiderich und orangenem Habichtskraut.

Ich sehe mir mal näher an, was da leuchtet: Die Glühwürmchen erzeugen ihr Licht dank einer Substanz namens Luziferin.

Nachts trifft Wissenschaft auf Poesie. Wenn das Luziferin mit Sauerstoff in Berührung kommt, entsteht ein helles Pulsieren.

Mehr als 95 % der Energie des Leuchtkäfers wird in Licht umgewandelt: keinerlei Wärmeverlust, ganz im Gegensatz zu den Glühbirnen, die in unseren Häusern brennen. An der Spitze dieser kleinen Körper hat sich gewöhnliches Gewebe in etwas Außerordentliches verwandelt, das einen ganzen Wald erhellen kann.

Gemeinsam hocken die Kinder unter einer Decke, und das lebendige Nachtlicht wacht über ihren Schlaf, der jetzt doch langsam kommt.

Wenn es so weit ist, habe ich ihnen versprochen, werde ich die Glühwürmchen freilassen.

Ich trete hinaus, zerteile die Dunkelheit mit ihrer beruhigenden Gegenwart. In meinem Glas mehrere Millionen Jahre Evolution, die ich der Nacht zurückgebe, der sie gehören.

Mein Mann hat eine Tür gefunden, zunächst aber nur einen winzigen Teil von sich hindurchgeschoben. Ganz vorsichtig.

Dann folgte der restliche Körper und ganz zum Schluss der Kopf.

Es war wie eine Geburt.

Mein Mann atmet.

Hinter der Küchentheke jongliert er den Abwasch einer neunköpfigen Familie. Ein Ein-Mann-Zirkus. Er trinkt Kaffee, und wenn zwischendurch die Begeisterung aus ihm herausbricht, regnet es wahre, wunderschöne Sätze. Es öffnen sich Wege zu diesem sensiblen Geist, zu seiner feinen, faszinierenden Tiefe.

Für den Moment ist mein Mann gerettet.

Ich liebe seine Weite. Seine klaffenden Wunden und seinen Schmerz. Ich liebe seine Geistesblitze, seine mäandernden Gedankengänge, seine Lachanfälle und seine Finger auf dem alten Klavier.

Jetzt sind wir zusammen, sind abgehauen in den nächtlichen Wald, und suchen uns einen schiefen Baum, an dem wir uns berühren. In mir und um mich herum ist dieselbe Luft. Hier, mit ihm, bin ich grenzenlos. Ich bin ohne Haut, die meine mit seiner verschmolzen.

Das beste Holz wird bei noch kaum sichtbarem Mond geschlagen. Es wird »Mondholz« genannt und bringt die feinsten Töne hervor. Denn echte Geigenbauer suchen sich für ein neues Instrument als Erstes einen Baum aus und beobachten ihn. Die Beziehung zwischen Baum und Mond ist entscheidend für die musikalische Qualität. Bei zunehmendem Mond dehnt sich der Baum aus, und sein Holz wird leichter. Als würde er den Mond ein wenig aufsaugen. Nimmt der Mond wieder ab, gewinnt der Baum ein wenig Tonus zurück, sein Holz wird dichter, seine Masse nimmt zu. Holz und Mond kommunizieren miteinander, und wenn der Mensch will, auch mit ihm. Im tiefsten Winter, wenn der Mond ein letztes Mal zunimmt, schlägt der Geigenbauer den Baum, aus dem er eine Stradivari macht.

Kapitel zwei des Ausnahmezustands beginnt, in dem sich Lehrer- und Schülerschaft anpassen und einer neuen Art Unterricht folgen sollen. Videokonferenzen werden ganz normal, und ein neues karges Vokabular kolonisiert einen Teil unserer Köpfe. Da das Netz nicht bis ins Haus reicht, findet der Online-Unterricht unter Bertolt statt, direkt neben dem Feldweg.

Der Anblick ist herrlich schräg.

Unter dem alten Schwarzen Zuckerahorn sitzt ein kleines Mädchen, und es sieht aus, als würden die beiden gemeinsam lernen.

Mit der Ärmelspitze verjagt sie die Fliegen, die auf ihrer Brille landen. Vor ihr: ein Stuhl mit einem Laptop darauf.

Auf dem Bildschirm: mehrere konzentrierte Gesichter, jedes in seinem eigenen kleinen Rahmen.

Die Stimme der Lehrerin zählt schwungvoll verschiedene geometrische Formen auf: Rechteck, Kreis, Oval, Achteck …

Derweil liefern sich ein paar der anderen Kinder rund ums Haus Kämpfe mit riesigen Stöcken. Die Erwachsenen graben im Gemüsegarten Erde um und richten einen Zaun.

Die Kleine, ganz gebannt von diesem winzigen Wissensquadrat, saugt die neuen Wörter auf wie Wasser.

Hinter den Insekten schießt ihre Hand in die Luft: Sie weiß es. Sie weiß es!

Wir schneiden Vögel aus einer Monographie mit altersgelben Seiten aus. Minutiös umkurven die kleinen Hände den zarten Kopf der Goldammer, den geschwungenen Rücken des Wanderfalken.

Die Vögel in diesem Buch sind so präzise gemalt, dass sie aussehen wie lebendig.

Der Meister hinter diesen perfekten Porträts heißt Gould, ein britischer Naturforscher aus dem neunzehnten Jahrhundert. Damals entsteht ein neues Spezialgebiet: die Ornithologie.

Wie auch sein Zeitgenosse John James Audubon reist John Gould mit dem Schiff und Hunderten von Männern, die ihm zu Diensten sind, in alle Welt, um ovipare Tierarten zu skizzieren.

Für ein perfektes Porträt braucht es pro Tier mindestens einhundert Modelle.

Getötet, zerlegt und in einer bestimmten Pose wieder zusammengesetzt. Die Arbeit der Taxidermisten ist unerlässlich, aber so langwierig, dass der Zeichner seinen ersten Strich oft noch in einer Wolke aus stechender Fäulnis zieht.

Tom Harrisson, der den beiden nacheifert, wächst auf dem Land auf, wo er die meiste Zeit damit verbringt, alles zu sammeln, was Flügel hat.

Anfangs noch Libellen und Wasserjungfern, die er in Streichholzschachteln setzt.

Später dann Vögel, die er fängt und in einer kleinen selbstgebauten Voliere hält.

Dort beobachtet und zeichnet er sie stundenlang.

Mit Anfang zwanzig macht er Jagd auf einen herrlichen und bei den Hutmachern der damaligen Zeit äußerst begehrten Vogel: den großen Haubentaucher. Im prestigeträchtigen Journal der Londoner *Natural History Society* veröffentlicht er einen langen Artikel über seine Erkenntnisse.

Doch es ist das Ende des neunzehnten Jahrhunderts, und dem massenhaften Abschlachten von Vögeln für Mode und Wissenschaft wird ein Riegel vorgeschoben. Nach Protesten der *Plumage League* ist die Kunst der Taxidermie endgültig in Verruf. Der Beruf des Naturforschers, wie er bis dahin praktiziert und respektiert wurde, verschwindet.

Wenn man Lebewesen nicht mehr zu Observierungszwecken erstarren lassen darf, heißt es, geduldig sein.

Tom beschließt, eins zu werden mit dem Lebensraum der Rohrdommel.

Sich auf Augenhöhe mit ihr zu begeben.

Es geht ihm nicht mehr nur darum, Vögel anhand ihres Gefieders zu bestimmen. Er will ihnen begegnen. Und dazu muss er selbst zum Vogel werden. Muss genauestens notieren und studieren, was der Vogel tut und lässt, gewissenhaft und ohne zu urteilen.

Also verbringt Tom seine Tage nun damit, auf Knien im Moor zur Rohrdommel zu werden.

Aber damit verdient man keinen Lebensunterhalt. Widerwillig reißt er sich vom Landleben los und findet eine bescheidene Bleibe im verrufensten Viertel einer kleinen Industriestadt, wo er vergeblich nach Arbeit sucht.

Alles, was ihn umgibt, scheint ihm trist und grau. Bis auf die Lebenden.

Zu Beginn der 1930er-Jahre gründet Tom die Organisation *Mass-Observation*.

Wenn er keine Vögel mehr beobachten kann, beobachtet er eben Menschen.

Seine Idee ist es, mithilfe einer groß angelegten Studie Daten über das alltägliche Leben der Menschen zu sammeln und damit eine »Wissenschaft der Massen« zu begründen.

Er schleicht sich in Lokale, Gassen und Fabriken. Beobachtet die anderen und notiert genauso gewissenhaft, genauso urteilsfrei und mit derselben stechenden Präzision wie zuvor bei den Vögeln, was sie tun und lassen: Wörter, Gesänge, Gesten, Haltungen, Kleidung, Inneneinrichtung. Seine Technik basiert auf seiner eigenen, für alles Geflügelte entworfenen Strategie: Tom wird zum anderen. Stundenlang sitzt er im Pub an der Ecke und füllt die Seiten seines Notizbuchs. Darin begegnen wir zahnlosen Greisen, erfahren, was und wie viel sie trinken und lesen und worüber sie sich unterhalten.

Die Archive seiner Studie *The Pub and the People* zeugen von einer proletarischen Fauna, die ansonsten unsichtbar blieb.

Heute besteht Toms *Mass-Observation* aus mehr als dreitausend Feldberichten, die, bis hin zu Details von Farben und Fortbewegung, das Verhalten von Menschenwesen festhalten. Für mich war Tom Harrisson einer der ersten Dokumentaristen.

Auf Zehenspitzen strecken die Kinder ihre Collagen Richtung Himmel und dekorieren das Blaue Haus mit so naturgetreuen Vogelporträts, dass es aussieht, als würden sie uns beobachten.

Endlich treffen die so lang und heiß ersehnten Hühner ein. Es sind insgesamt fünf, und jedes Kind darf einen Namen aussuchen. Tigresse, Roussette, Poco, Lila und Gourmandise. Anfangs bleiben sie noch ängstlich in ihrem Hühnerhaus sitzen.

Dann wagen sie sich nach und nach in den Garten und sogar bis zu uns ins Haus.

Nur Eier legen sie noch nicht, dafür sind sie zu jung.

Aber sie lassen sich streicheln und rennen den Schmetterlingen hinterher.

Eines Morgens ertönt ein gellender Schrei. Er kommt von der Veranda. Die Jüngste unserer erweiterten Großfamilie sitzt in ihrem Spielzelt und kreischt. Ich renne zu ihr, dort verkriecht sie sich immer wieder mal vor der Horde älterer und stärkerer Kinder.

Zitternd wie Espenlaub, immer noch markerschütternd schreiend, sitzt sie vor einem der Hühner, das ebenso panisch wirkt wie sie. Niemand rührt sich, beide sind erstarrt in einem territorialen Patt.

Ich nehme die Kleine, die nicht aufhört zu weinen, in den Arm: Henne Gourmandise hat ihre Elsa-Bettdecke erobert und weigert sich unter vehementem Gegacker, den Platz wieder freizugeben.

Nur mit Mühe bekomme ich das Huhn, das sich nach Leibeskräften wehrt, wieder aus dem Zelt.

Und entdecke, rund und warm auf den Brüsten der blonden Eiskönigin: ein Ei!

Unser erstes Ei, abgelegt auf einer *Frozen*-Decke aus Synthetiksamt. Ein anderer Ort kam für Gourmandise nicht infrage.

»Aber das ist meine Höhle«, protestiert die Jüngste zu Recht.

Wir verstecken das Zelt, doch Gourmandise sucht es überall verzweifelt.

Das Hühnerhaus ist ihr wohl zu konventionell.

Sie so zu sehen, auf der Suche nach einem Ort, der ihrer Vision von einem Gelege entspricht, macht uns traurig: Wir holen das Zelt wieder hervor.

Unzufrieden läuft Gourmandise drum herum.

Wir diskutieren lautstark, bis die Jüngste verkündet: »Ihr fehlt die Decke.«

Was sonst.

Unter den resignierten Blicken des Kindes bereiten die Erwachsenen dem Huhn sein synthetisches Nest.

Endlich eilt es hinein und lässt sich gemütlich nieder. Legt erneut ein warmes Ei in seinem Schloss, begleitet vom leisen Geplapper seiner kleinen Verbündeten, die vor allen anderen begriffen hat, wie wichtig ein Rückzugsort ist.

Ich suche nach meinem eigenen. Meinem Rückzugsort, meinem Schlupfwinkel, meinem Versteck, meiner Rettung.

Ich radle bis zur Wegbiegung, um den japanischen Maler zu sehen. Ich will schwimmen in seinen Wassern, die mich kennen. Ich will ihn ganz und gar trinken, und wenn er mich überflutet.

Aber seine Hütte ist verschwunden. Keine Spur mehr von den Bäumen, in denen er Zuflucht fand. Nur noch eine Leerstelle im Wald, ein kleiner, von Stämmen freier Kreis.

Der Maler ist fort und hat seinen Geruch nach dem weiten Meer mitgenommen, die kleine weiche Stelle hinterm Ohr, die mir ein rettendes Ufer war, seine Arme, die alle meine Staudämme einrissen, und seinen Schönheitsfleck im rechten Auge. Er ist fort, um mit seinem Pinsel andere Essenzen einzufangen.

Zwischen den Bäumen bleibt eine Insel: eine weiße, gewellte Leinwand. Darauf die Spuren unseres vermischten Schweißes. Die salzige Erinnerung unserer verschlungenen Körper.

Die Großeltern haben rund um ihren Gemüsegarten ausladende Wildrosensträucher angelegt. Aus den zarten Blüten kocht Groß-Manon die allerbeste Marmelade. Aber sie sind in Gefahr.

Die Kinder werden zur Verstärkung gerufen: Sie sollen die Japankäfer beseitigen, die sich unter den Dornen verstecken. Es gibt Hunderte davon. Emsig und besorgt machen sich die Kleinen an die Arbeit.

Nicht ohne ein gewisses Vergnügen zerquetschen sie die orangefarbenen Insekten zwischen ihren kräftigen Fingern.

Der Jüngste betrachtet einen der Käfer auf seiner Handfläche.

Wer bestimmt eigentlich über das Schicksal dieses Insekts? Wer hat entschieden, dass es ein Schädling ist?

Er hat philosophische Einwände gegen die ihm verliehene Macht. Es gibt keine schlechten Insekten, genauso wenig wie schlechte Pflanzen – ein Postulat, das ihn bisher erfolgreich vorm Unkrautjäten im Gemüsegarten bewahrt hat.

Und er hat natürlich recht. Es ist alles eine Frage der Perspektive.

Trotzdem zerquetscht er das Insekt zwischen den Fingern.

Aber er fügt sich diesmal nur, um Omas Marmelade zu retten.

Als der Himmel abends lila wird, ist es Zeit für Großpapas Grappa, mit dem er sich, Schrotflinte auf den Knien, nach draußen setzt.

Neben ihm trinken die Kinder schweigend eine heiße Schokolade. Sie warten.

Da, eine Bewegung. Der Älteste streckt den Finger aus: Ein Streifenhörnchen ist ins Hühnergehege geschlüpft und bedient sich eifrig am Futtertrog.

Laden, zielen, Schuss. Getroffen!

Das Streifenhörnchen liegt erledigt am Boden, die Pfoten zum Himmel, die Wangen noch voll.

Die Kinder beerdigen es bei den anderen. Der Tod lässt sich besser verkraften, wenn er dicke Backen hat.

Auf der Traktorladefläche liegt ein riesiger Berg aus Reisig, Brombeerzweigen und trockenem Gras.

Am Lenkrad sitzt mein stolzer Sohn und fährt Richtung Wiese, wo er den Verschnitt ablädt. Später machen wir ein Feuer daraus.

Die Jüngeren springen mit Anlauf auf den Anhänger und bauen sich aus den toten Zweigen ein fahrendes Nest. Beladen mit seiner Fracht Menschenkinder begegnet der neunjährige Chauffeur dem roten Traktor mit Clark Kent am Steuer.

Vom einen Ende des Lebens zum anderen schicken sich Mann und Kind, jeder in seiner Sprache, einen kollegialen Gruß.

Ich hocke hinten im wunderbar wilden Garten und frage mich immer noch, ob nicht Jeanne d'Arc diesen fruchtbaren Boden nährt.

Clark Kent rollt näher. Als er den Motor seines Traktors ausschaltet, klingt es, als hielte das Tal den Atem an.

»Morency …?«

Er denkt nach, geht die vielen Nebendarsteller in seinem Gedächtnis durch, und zögert.

»She was special.«

Er weiß was.

»Sie hat mir meinen ersten Job gegeben.«

Die Hände schwarz vor Erde, hänge ich an den Lippen von Clark Kent, dort oben auf seinem Metallthron.

»Wir nannten sie Jam.«

Jeanne d'Arc konnte sich unmöglich ausruhen, während auf der anderen Seite der Welt gestorben wurde. Sie wollte auch in den Krieg ziehen. »Es war im Spätsommer, 1940, wenn ich mich recht erinnere.« Jeanne ging raus aufs Feld.

Sie rekrutierte sämtliche Kinder der Gegend. »Wir waren ihre kleinen Soldaten.« Von Sonnenaufgang bis Sonnenuntergang sammelten Jam und die Kinder Seidenpflanzen. Füllten ihre Körbe damit und ernteten später die Seide.

»Du weißt schon, der weiche Teil der Pflanze?«

Clark Kent reibt Daumen und Zeigefinger aneinander, ruft eine erinnerte Geste wieder wach, ein Relikt der Feldarbeit von damals.

Die Gruppe kleiner Erntehelfer folgte der Frau zu ihrem Haus, wo sie das weiche Pflanzenmaterial zusammenkippten, bevor sie bis zum Morgengrauen Rettungswesten für die Alliierten nähten.

Mir bleibt die Luft weg. Das Gewebe der Menschheit ist schon atemberaubend.

Clark Kent hält inne. Dann gibt er zu, dass er bis heute nicht weiß, ob ihre Arbeit wirklich etwas bewirkt hat, nicht mal, ob die Westen je in Europa ankamen.

»Ich hab ziemlich viel Mist gebaut, wenn mir langweilig war … Sie hat uns auf Trab gehalten.«

Er kneift die kleinen Augen zusammen, und seine Stimme sinkt zu mir herab. Jetzt verrät er mir gleich ein Geheimnis. Ich trete näher.

»Sie war eine Rebellin, weißt du …«

Aus den Halmen der Seidenpflanzen machte sie Schießbögen.

»Für Frauen war es verboten und für mich gefährlich … Aber die Welt versank im Chaos, und wir waren am Leben.«

Die Welt versank im Chaos, und wir waren am Leben.

In manchen Nächten kehrten die Kinder, die Hände noch klebrig, mit Jeanne und den Frauen, die sie überredet und aus ihren Küchen gelockt hatte, aufs Feld zurück. Und gemeinsam schickten sie ihre Pfeile zum Himmel.

»Bis zum Mond …«

Ein Weilchen bleibt Clark Kent noch mit den Frauen auf dem Mond.

»Sometimes rules are made to be broken.«

Dann startet er seinen Traktor, als wollte er Luft holen. Die Blechrüstung bebt, und Clark Kent ist zurück in seinem Leben.

Über den Lärm hinweg schreie ich: »Ich habe Jeanne d'Arcs Grabstein gefunden, da drüben, im Garten!«

Er scheint kein Stück überrascht.

»Ja, diese Steine waren stabil genug, um Häuser zu tragen.« Die Leute »liehen« sie sich von den Friedhöfen, um ihre Fundamente zu verstärken. So wurde überall in der Region gebaut.

Bevor er am Ende der Straße verschwindet, winkt Clark Kent mir noch mal zu.

Jeanne d'Arc Morencys Grabstein war also Teil des Fundaments vom Blauen Haus.

Dank ihr stehen wir heute noch.

Clark Kent war schon immer da. Er gehört zu dieser Gegend.

Es gibt ihn nur in Bewegung: Sein Traktor ist sein Schneckenhaus, das er, um seine breiten Schultern, immer dabeihat. Bewaffnet mit seiner Baggerschaufel und einem aufrichtigen Lächeln überquert er die Felder. Er reitet auf seinem Metallross durch die Jahreszeiten, rettet im Schnee versunkene Autos aus den winterlichen Untiefen des Tals, als würde er eine Wimper von einer Wange wischen: in einer fließenden, zärtlichen Bewegung. Sein Traktor ist wie eine natürliche Erweiterung seiner selbst. Nach starken Regengüssen hebt er Gräben aus und zähmt den geschwollenen Fluss.

Wenn die Kinder Clark Kents Traktor hören, packt sie ehrliche, tiefe Freude, und sie stellen sich rasch im Spalier auf, um ihrem Helden zu applaudieren.

Eines Tages brennt Clark Kents Haus nieder. Alles, was davon übrig bleibt, ist ein Häufchen Asche inmitten von Kühen und den Wracks schwerer Landmaschinen.

Seine Frau verlässt die Gegend, zieht ein paar Kilometer weiter, dorthin, wo der Asphalt beginnt.

Der große, schweigsame Mann, der alles bauen kann, errichtet sich auf seinem Land kein neues Haus. Manchmal schläft er bei seiner Frau, oft aber in seinem Traktor, seinem Schutzpanzer.

Er ist so stark, die Kinder meinen, er ernährt sich von Schrauben und Bolzen.

Eines gewöhnlichen Abends, als sich die Nacht übers Tal senkt, ist Clark Kent verschwunden.

Seine Frau macht sich auf die Suche. Sie folgt den riesigen Traktorspuren in den Wald, wo er normalerweise arbeitet. Sie kennt den Reifenabdruck wie vertraute Fußstapfen und weiß, dass er sie zu ihrem geliebten Mann führen wird.

In der Ferne hört sie den Motor brummen: Clark Kent arbeitet immer noch, spaltet ganze Baumstämme zu Klötzen.

Seine Frau tritt näher, sieht jedoch nur die leere Traktorkabine.

Daneben läuft der Holzspalter auf Hochtouren. Zwei mechanische Tiere im Clinch. Die messerscharfen Blätter des Letzteren zerhacken die Erde, und durch die Nacht segelt Holzkonfetti und menschliches auch.

Clark Kent ist ins Maul der Bestie gefallen und wurde von ihr verschluckt.

Der Schrei seiner Frau steckt ihr bis heute in der Kehle.

Ohne sein Herz rostet Clark Kents Traktor nun reglos und geisterhaft vor sich hin.

Die Kinder haben nicht geweint. Geredet aber auch nicht. Es gibt Momente, da löst sich die Stimme in Luft auf. Sie malen ägyptische Götter mit Hundeköpfen und menschlichen Körpern, kleben Blumen daneben und schreiben: »Ich hab dich sehr lieb, Clark Kent.«

Das Unwetter zieht langsam auf, als gehörte es zur Geschichte dazu. Wir sitzen in Grüppchen auf der Veranda und warten. Direkt oberhalb des Hauses bricht es los. Das Gewitterleuchten überzieht den gesamten Himmel, gewaltig und majestätisch.

Die Kinder überlassen ihren Schmerz den zackigen Blitzen.

An diesem Abend fürchten sie das Unwetter und den Tod. Sie sind konfrontiert mit der grandiosen Brutalität des Lebens und erfahren fassungslos seine herrliche Widerspenstigkeit.

Das gehört wohl dazu.

Ich finde Zuflucht in ihrem erschütterten Mark, in ihren unzähmbaren Ängsten.

Ein Geheimnis schleicht sich bis in meinen Bauch.

»Mama, wenn du mal stirbst, begrabe ich dich unter meinem Bett.«

Am nächsten Morgen beschließen wir, die Regeln zu brechen. Wir machen die Augen zu und die Arme weit auf: Gemeinsam mit den Großeltern gönnen wir uns eine Schmuseeinheit. Eine Umarmung von hinten, aufgeladen mit allen Umarmungen, die nicht stattgefunden haben. Meine Mutter strandet an den Rücken meiner Kleinen wie auf einer Insel im Sturm. Gerettet.

Dieses Mal weinen sie. Diese plötzliche Nähe macht spürbar, wessen Nähe alles fehlt.

1944. Im trüben Wasser des Ärmelkanals schwankt ein Schiff. Seine aufgerissene Flanke kreischt, als sich die Eisenwunde weiter ausdehnt: Das getroffene Schiff beginnt bereits zu sinken. Über die Brücke hastet ein Dutzend panischer Menschen, die aus der Vogelperspektive aussehen wie Billardkugeln auf einem schiefen Tisch. Sie stieben in sämtliche Richtungen auseinander, stoßen zusammen, schubsen sich beiseite und rollen dann ins Wasser, das sie mit schwerfälligem Zungenschlag verschluckt.

Eine überlebende Hand, an der ein verzweifelter Körper hängt, klammert sich an eine Rettungsweste.

Ein Mann zieht sie über, kurz bevor ihn die nächste Welle packt.

Er schluckt das braune Wasser. Ein Hauch dieser Farbe wird bis an sein Lebensende in seinen Augen bleiben.

Die ferne Küste wirkt auch nicht viel sicherer als das Wasser, das nach wie vor Körper frisst.

Er aber schwebt an der Oberfläche. Er atmet. Er schlingt die Hände um den Körper, umarmt die Weste, baut sich eine Mauer gegen die Angst. Er darf sie auf keinen Fall reinlassen: Soll sie sich doch die anderen schnappen! Er schwebt.

Jacques, der später mein Großvater wird, bleibt Stunden, wenn nicht Tage, im Wasser. Als sich die anderen Körper nicht mehr bewegen, schwimmt er schließlich ans Ufer.

Dort geht er um die toten Männer herum und ihre für immer unterbrochene Jugend.

Er läuft bis zu einem Baum, einer Platane, die zur Zeugin seiner Rettung wird.

Immer noch beschützt von seiner Weste schläft er ein.

Als es Nacht wird, bricht er auf, mit Schritten, die künftig schwerer bleiben werden.

Auf der zurückgelassenen Rettungsweste unter der Platane prangt ein von kanadischer Kinderhand aufgenähtes Etikett. Darauf drei einzelne Buchstaben: J. A. M.

Mein Ältester steht bis zur Hüfte im Fluss und späht ins Wasser. Gebeugt erforscht er den unruhigen Grund. Er ist hochkonzentriert. Über seiner Schulter hängt eine Tasche, in der er Steine sammelt. Sie müssen platt, rund und dünn sein.

Stunden verbringt er damit, alles, was im Flussbett schillert, zu inspizieren.

Mit rot gefrorenen Beinen und vollem Beutel kehrt er schließlich zum Haus zurück, wo er die Steine in ein großes Paket packt. Es ist für seine Lehrerin, die er seit Monaten nicht gesehen hat.

Jedes Mal, wenn er an sie denkt, ist der Schmerz zu groß, also hat er sich einen inneren Staudamm errichtet.

Doch da das Überschwemmungsrisiko immer noch zu groß ist, darf niemand ihren Namen aussprechen.

Diese junge Lehrerin hat ihn nämlich verstanden. Nur sie konnte die hartnäckige Leere, die sich wie ein unauslöschlicher Tintenklecks in ihm ausbreitet, auf magische Weise füllen.

Das jäh unterbrochene Jahr beraubt ihn dieser tiefen, noch viel zu frischen Verbindung. Also bastelt er ihr hingebungsvoll und ohne viele Worte ein maßgefertigtes Geschenk: eine Ladung perfekter Flitschsteine.

Bald fahren wir extra nach Montréal, um es ihr persönlich zu übergeben.

Aus der Ferne nähert sich gemächlich die ratternde Karosserie eines Traktors.

Am Steuer sitzt Wendy, Clark Kents Tochter.

Sie hat seine Augen und Handflächen so groß wie unser Wald.

An diesem Abend nimmt die zarte Hand meines Sohnes die wunde, empfindliche Hand seines Vaters und legt sie auf seine Brust. Eine spiegelbildliche Geste, diesmal ist es der Junge, der bedeckt haben muss, was ihn auffrisst. Um den Schlund zu besänftigen und die Leere zu stillen. Niemand sagt ein Wort. Es geschieht von allein, von Abgrund zu Abgrund, Anker zu Anker.

Ich habe die Erde umgegraben, dabei Johnny Cash gehört und danach jede Menge Gurken gepflanzt, weil wir die so lieben.

Ein paar Monate später habe ich Kürbisse geerntet, jede Menge riesige Kürbisse. Aber keine einzige Gurke.

Ich stehe mit allem am Anfang.

Die Kinder machen einen Salat aus Zutaten, deren Geschmäcker und Namen sie inzwischen kennen.

- Sauerampfer
- Portulak
- Wegerich
- Brennnessel
- Veilchen
- Moschus-Malve
- Fetthenne
- Labkraut
- *Clintonia borealis*
- Goldmelisse

Außerdem haben wir mit unseren Schaufeln im strömenden Regen Große Kletten ausgebuddelt, zerlegt und die Herzen herausgepult. Das war eine furchtbare Arbeit und schmeckte am Ende nicht.

Wir haben gelernt, den Gesang der Wilson-Drossel zu imitieren, der plätschert wie ein Bergfluss in der Dämmerung.

Wir haben die Farben des Admirals kennengelernt und die des Kanadischen Tigerschwalbenschwanzes, der Milbert-Aglais, des Sommerbläulings, des Nördlichen Halbmonds und des Vizekönigs, der sich als Monarch ausgibt.

Manche Schmetterlingsarten fliegen nur eine einzige

Blume an. Selbst wenn es in der Nähe eine andere gibt, die ihnen ein viel nahrhafteres Festmahl verspricht, garantiert die Beziehung zu ihrer Stammblume das zukünftige Überleben des Clans, da das Wissen über diese Blume von Generation zu Generation weitergegeben wird.

Die Wissenschaft nennt dieses Phänomen Blütenstetigkeit. Die gibt es nicht bei allen Bestäubern, aber mehrere Bienen-, Hummel- und Schmetterlingsarten wahren eine einzigartige Verbindung zu ihrer Blume, selbst wenn sie ihnen kurzfristig gesehen weniger einbringt. Langfristig wird die Spezies von der gemeinsamen Sprache, dem Fingerspitzengefühl und der Gewohnheit, die zwischen beiden gewachsen ist, gestärkt.

Die Blätter der Seidenpflanzen, die hinterm Blauen Haus wachsen und die Larven des Monarchen ernähren, färben sich mit einem Mal orange, hängen voll mit wunderschönen, tödlichen Schmetterlingen.

Wir sammeln die Knospen der Pflanze und kochen sie zweimal aus. Dann essen wir sie wie Brokkoli. Es schmeckt ein bisschen bitter, aber köstlich.

Hier auf dem Land empfinde ich einen echten, reinen Stolz, der nichts mit dem Ego zu tun hat. So langsam erkenne ich die Dinge um mich herum wieder. Weil wir Freude so oft mit Kindern assoziieren, dachte ich erst, ich hätte schlicht das schlafende Kind in mir geweckt. Doch was ich empfinde, ist nicht ganz dasselbe wie Freude. Ich verfestige mich.

Da regt sich ein Teil meines Menschseins, der wie eine

Fortsetzung meiner selbst ist, eine Erweiterung der Frau, die auf einmal mit allem, was lebt, im Austausch ist.

Ich habe das Gefühl zu wachsen. Ich bin weder größer noch stärker.

Ich bin einfach nur weitläufiger.

Sieben Uhr. Heute bin ich dran mit Unterrichten.

Als ich aufstehe, sind die Kinder schon unten, Tisch und Boden übersät mit Müsli und Cornflakeskrümeln: Bei uns gibt es *open bar* und *self-service*.

Ich ignoriere das Chaos und vertiefe mich in Romain Gary: *Erzähl die Dinge nicht so, wie sie passiert sind, mach Legenden daraus.*

So wie meine Mutter mit den Krankenwagen. Ich weiß, wie man die Realität am Schlafittchen packt und veredelt.

Bald werden die Kinder Nachschlag wollen, und bevor ich mit unzähligen Forderungen konfrontiert werde, lege ich mein Buch beiseite und öffne die Gartentür. An diesem Anblick kann ich mich nicht sattsehen. Die Berggipfel sind in Nebel gehüllt, und die Goldruten blühen langsam auf, ein Zeichen, dass es bald Herbst wird.

Es riecht nach dem verbrannten Holz eines in der Ferne schwelenden Feuers. Die aufgehende Sonne erwärmt die Erde, die ihre Nacht ausschwitzt.

Wie gewohnt schnappe ich mir ein Handtuch und gehe noch schlaftrunken runter zum Fluss. Dieser morgendliche Tauchgang, mit dem ich in den Tag starte, wirkt wie zehn Espresso.

Ich ziehe mich aus, setze einen Fuß in den Schlamm und gleite schnell mit dem ganzen Körper in den eiskalten Fluss. Unter Wasser mache ich die Augen auf und schaue hoch zum Himmel. Aus dieser Perspektive liebe ich ihn besonders.

Etwas berührt mein Bein. Etwas Großes. Ich recke den Kopf aus dem Wasser, und ein Biber starrt mich an.

Keiner von uns bewegt sich. Er ist ganz klar in meinem Territorium, und ich in seinem. Keiner von uns gibt nach. Er hat offenbar keine Angst. Ganz in meiner Nähe taucht er wieder ab und streift meinen nackten Oberschenkel. Ich mache es ihm nach und sehe mich unter Wasser nach ihm um. Mache sanfte Schwimmbewegungen, bis wir uns gegenüber sind. In diesem Moment könnte ich mit ihm den Platz tauschen. Am Ufer wohnen, mich hier niederlassen. Ein Leben führen zwischen geflochtenen Holzwänden und dem klaren Flussbecken.

Da ich mir nur schwer vorstellen kann, wie er den Kindern Brote schmiert, entschließe ich mich rauszugehen. Ich zittere. Eingewickelt in mein Handtuch sehe ich ihn im Schutz des Felsens verschwinden. Man kann wohl sagen, wir haben uns kennengelernt.

Glücklicher, als ich aufgebrochen bin, laufe ich zum Blauen Haus zurück.

Die Erde bebt, der Himmel ist rosa, im Wohnzimmer tosen ein Putsch und seine Niederschlagung, und ich flüchte mich in die Lektüre von *Im Namen der Dinge*.

Der Autor Francis Ponge wirkt, als wäre er immer alt gewesen. Aus sämtlichen Fotos schaut uns ein zerfurchtes Gesicht mit trüben, aber einladend dunklen Augen entgegen: ein Blick der vielen Wege, ein intelligenter Blick.

Er hätte eigentlich viel berühmter sein müssen, doch seine Epoche machte ihn zum unglücklichen Gegenspieler seiner Zeitgenossen Jean-Paul Sartre und Albert Camus.

Diese beiden Denker fühlen sich bestürmt, gar angegriffen von der Pluralität der Welt, die ihnen gegenübertritt. Sie können sie nicht in Worte fassen und wollen es auch ganz bewusst nicht versuchen. »Ein Baum ist ein verpfuschtes Leben, wie Insekten auf dem Rücken, die sich nicht mehr umdrehen können«, sagt Jean-Paul Sartre, der offen alles Leben, das außerhalb von ihm stattfindet, verabscheut. In *Der Ekel* sind Bäume »monströse und wabbelige Massen […], von einer erschreckenden und obszönen Nacktheit«.

Sartre und Camus beschäftigen sich ausschließlich und auf brillante Weise mit dem Menschen und seinen inneren Kämpfen, sie entschlüsseln seine Höhen und Tiefen und heben dieses Reich über alle anderen. Die Außenwelt wird zu einem monolithischen Block, dessen ausführliche Betrachtung sie ablehnen.

»Mamaaaaaaaaa? Mamaaaaaaaa?«

Die Toilette ist verstopft, die Jüngste hat ein Stück Seife abgebissen und macht Blasen, zwei Mäuse sind Kopf an Kopf in derselben Falle gelandet und schauen sich tot in die Augen.

Ich bleibe auf Kurs, mein Tag hat noch nicht begonnen, und konzentriere mich weiter auf mein Buch.

In Ethnologie, Soziologie, Geschichte und Philosophie, in Politik und Psychologie ist immer nur die Rede vom Menschen. Dabei sind die Wörter doch vorhanden, und wer über sie verfügt, könnte sich genauso gut zur Mission machen, sie allem beizulegen, was ihn umgibt. Dafür setzt sich auch Ponge ein.

In die Rinde höhlen sich senkrechte Rillen, in denen die Feuchtigkeit abwärtsrinnt und dazu verleitet wird, sich nicht länger um die lebendigen Teile des Stammes zu kümmern.

Verstreut die Blüten, die Früchte abgeworfen. Von Kindesbeinen an ist der Verzicht auf ihre lebendigen Werte und auf Teile ihres Körpers für Bäume ein ge-übter Brauch.

Francis Ponge, »Die Bäume verlieren ihr Laub im Inneren einer Nebelglocke«, *Im Namen der Dinge*

Wie ein Wächter stemmt sich Ponge gegen die vorherrschende Strömung.

Während alle anderen das winzige Detail der Natur vernachlässigen, widmet er sich intensiv einer Muschelspirale. Er versucht, was außerhalb von ihm existiert, so gut er kann und mit größtmöglicher Präzision zu beschreiben.

Die Kinder machen die Haustür auf. Ich rufe: »Aber nicht so nah ans Wasser!«, und sie antworten: »Nein, versprochen.« Ich stehe auf und setze mich raus auf die Veranda, damit ich sie doch im Augenwinkel behalte.

Albert Camus beglückwünscht Francis Ponge zu seiner Poesie: »*Im Namen der Dinge* ist doch ein absurdes Werk im wahrsten Sinne – womit ich sagen will, dass es der extremsten Ausformung der Sinnlosigkeit der Welt entstammt. Es beschreibt, weil es scheitert.«

Schockiert und missverstanden antwortet Francis Ponge: »Natürlich ist die Welt absurd! Natürlich ist die Welt sinnlos! Aber was soll denn daran tragisch sein? […] Falls ich eine verborgene Absicht verfolge, dann doch offensichtlich nicht, den Marienkäfer zu beschreiben […], aber vor allem, nicht den Menschen zu beschreiben. Denn 1. liegt man uns mit dem schon genug in den Ohren, und 2. siehe 1. und so weiter und so fort.«

Mama, guck mal, was ist das?« Meine Tochter hat ein neues Insekt entdeckt. Grau, platt, oval, viele Beine.

Ich habe früher gedankenlos »Termite« dazu gesagt. Noch eins aus der viel zu großen Kategorie gewöhnlicher und eher hässlicher Insekten, die einen Namen verpasst bekommen, der gar nicht der ihre ist.

Dabei ist dieses Insekt ein echtes Wunderwerk. Es gehört zur Familie der Krebse und Hummer. Sein korrekter Name lautet Landassel, und es ist das einzige an Land lebende Krebstier der Welt. Es verfügt über sieben Bein- und zwei Antennenpaare.

Die Vorfahren der Landassel lebten am Meeresgrund. Vielleicht hat sie deshalb, gewissermaßen als Andenken, blaues Blut.

Sie hocken immer zu fünft wie zusammengepappt am Fluss. Die beiden Brüder reichen sich die Angelrute hin und her, und unter der schäumenden Oberfläche glitzern kleine braune Forellen.

Meine Jüngste will schwimmen gehen. Also einigen sie sich auf fünf Minuten. Fünf Minuten, in denen die Angelrute am Ufer bleibt, fünf Minuten, in denen die kleinen Körper ins kalte Wasser tauchen, fünf Minuten voll Kreischen und Lachen. Bei dieser geballten Ladung Leben, zu dicht, um sich hineinzumischen, bleibt der Biber bloß Zuschauer.

Dann steigen die Kinder zitternd wieder aus dem Wasser, der Älteste widmet sich erneut seiner Angel und starrt konzentriert auf die Fische, die nicht lang auf sich warten lassen. Die fünf immer noch nackten Kinder werden wieder ernst. Beinahe mucksmäuschenstill warten sie ab. Da! Einer hat angebissen. Hurra! Eine schillernde braune Forelle zappelt in der Luft, dann auf dem Boden. Die Kinder lassen die gesamte Welt wissen, dass sie einen Fisch gefangen haben. »WIR HABEN EINEN!«

Ihre kleinen Hände packen das zappelnde Tier, ziehen ihm den Haken aus dem Maul, schnappen sich einen Stein und erschlagen es mit ein, zwei, drei Hieben auf den Kopf, der blutend aufplatzt.

Sie begehen diese Geste und ihre Gewalt gemeinsam. Alle zusammen schauen sie dem Tier bei seinem langsamen

Tod zu. Alle zusammen beobachten sie, wie sich das Leben festkrallt und dann doch plötzlich verschwindet. Weg.

Übrig bleibt ein blutiger Stein. Fünf kleine, nackte Körper steigen schweigend zurück zum Haus, die Hände schwer vom Gewicht eines Lebens.

Irgendwo zwischen Trauer und Stolz. Sie haben fürs Abendessen gesorgt.

Der Waldmann hat eine Frau.

Sie ist schön, tiefgründig und temperamentvoll. Sie schenkt mir eine Pflanze, die ich in die Erde setzen soll.

Aber in meinem Garten ist kein Platz mehr.

Es soll bloß nichts von ihr bei mir Wurzeln schlagen.

Ich lasse die Pflanze allein am Garteneingang verrecken, während der Rest ohne sie erblüht.

Die Tage vergehen, und ihre Blätter werden langsam gelb.

Die Kinder haben sie gefunden. Die Blätter der Pflanze sind verwelkt, aber ihre Wurzeln noch willig.

Ich kann sie mit einer Hand umfassen, sie ist mickrig, fast schon eingegangen.

Widerwillig suche ich ihr einen Platz zwischen den Sonnenblumen und Tomaten. Ich buddle ihr ein Loch, setze das schwächliche Grün hinein, breite die Wurzeln aus, und bevor ich sie wieder bedecke, verneige ich mich vor der Schönheit der Frau, die sie mir geschenkt hat.

Rundherum klopfen die Kinder mit ihren kleinen Händen die Erde fest. Fragen mich, was nach den Blättern dran wachsen wird.

»Vielleicht nichts.«

»Aber wenn sie überlebt?«

Ich betrachte die schlaffe, mit so viel Geschichte aufgeladene Pflanze.

»Wenn sie überlebt, Chilis.«

Keine Ahnung, was ich mache, wenn diese ungewollte Pflanze am Ende noch Früchte trägt.

In der Ferne ist Clark Kents Traktor zu hören. Die Kinder kommen angerannt, erstarren am Wegesrand, alle Blicke zum noch unsichtbaren Traktor gerichtet.

Stumm stehen sie da, hin- und hergerissen zwischen zwei Emotionen. Auf der einen Seite Tränen und ein dicker Kloß im Hals, weil Clark Kent nicht mehr da ist. Auf der anderen Seite lautes Lachen und wachsende Freude, weil die Geschichte weitergeht. Sie sind schön, wie sie da gemeinsam warten, ohne sich für eine Seite zu entscheiden. Fünf kleine Seiltänzer, traurig, aber glücklich, balancieren am Straßenrand mit zum Himmel gereckten Händen. Das Ehrenspalier steht wieder.

Der Traktor erscheint, und am Steuer sitzt Wendy.

Als sie ihnen zuwinkt, fangen sie an zu klatschen. Doch Wendy bremst nicht ab. Vielleicht später mal in dieser Geschichte, wenn die Tränenmauer, die ihren Blick verengt, sich aufgelöst hat. Im Moment aber versucht sie, sich mit ihrem Traktor, ihrer Route und ihrem neuen Leben anzufreunden.

Am Straßenrand entdecke ich Steinklee. Es kommt mir vor, als hätte ich weißes Gold gefunden, und plötzlich sehe ich ihn überall! Hunderte weißer Blüten, wie unzählige kleine, zu perfekten Halbmonden gefeilte Fingernägel. Wild über die Stängel verteilt, in einem verführerischen Chaos, das einzigartig nach Honig und Pfeffer riecht.

Ich verkünde meinem Sohn den Fund wie eine fantastische Neuigkeit. Die noch fantastischer wird, als sie bei ihm ankommt. Diese Entdeckung macht uns beide gleichermaßen kribbelig, und zusammen brechen wir auf zu den Straßen und Wegen, an denen plötzlich Tausende Büschel unserer kostbaren borealen Vanille blühen.

Der Steinklee, den die First Nations früher benutzten, um Milch, Kuchen, Kompott oder Brot zu aromatisieren, ist heute in Vergessenheit geraten. Er wächst an Autobahnen und fällt als erstes Unkraut dem Rasenmäher zum Opfer.

Mein Sohn trägt schon ein beträchtliches Bündel im Arm.

In einer improvisierten und doch harmonischen Choreographie schreiben wir uns gemeinsam in diese Landschaft ein. Vom vielen Pflücken bekommen wir Blasen an den Händen.

Fleißig füllen wir unser Auto, dessen Kofferraum offen steht wie ein klaffendes Maul.

Während wir in einer Wolke aus Feldblumen zurückfahren, lauschen wir Ella und Louis, die *Summertime* singen.

Daheim breiten wir unsere Beute auf dem Tisch aus und binden sie zu großen Sträußen, die wir kopfüber in die Sonne hängen.

Im ganzen Haus trocknet der Steinklee, und sein Geruch dringt bis unter unsere Haut.

Vor dem Haus hält ein weißer Lieferwagen. Wen hat es denn da bis zu uns verschlagen?

Ich trete vor die Tür, um mir den Besuch näher anzuschauen, während sich fünf neugierige Gesichter hinterm Fenster postieren.

Ein gut gelaunter junger Mann lacht mir unter seinem Firmenkäppi entgegen, auf dem ein grob gezeichneter Biber prangt. Darüber steht in eckiger Schrift: *Bibermanagement.*

»Kann ich Ihnen helfen?«

Der junge Mann sucht einen Damm zum Zerlegen. Die Biberdämme lassen den Wasserpegel und damit die Überschwemmungsgefahr steigen. Das ist jetzt genau die Jahreszeit.

Ich weiche zurück, schaue ihn mir an, wie er da in seinem makellosen *Beaver-Control*-Van sitzt, und stecke ihn in die Schublade zu den Bösen.

»Töten Sie die Tiere?«

Entrüstet, dass ich ihm derlei Absichten unterstelle, brüllt er mich fast an. Ganz im Gegenteil, er siedle sie um! Allein von der Vorstellung, den Tieren ein Haar zu krümmen, glühen seine Wangen. Er erklärt mir, dass er die Behausung Zweig für Zweig zurückbaue und die plötzlich schutzlos gewordene Biberfamilie in seinen – sehr komfortablen – Käfigen an einen Ort verfrachte, wo das Überschwemmungsrisiko geringer sei.

»Die Familie?«

Er ähnelt selbst einem Biber, mit seinem runden Gesicht und den dunklen Augen. Angespornt von meinen Fragen, fährt er fort, glücklich, seine Leidenschaft mit mir teilen zu können: »Ja, Biber sind monogam und bleiben ein Leben lang zusammen. Die Familie ist die Basisgemeinschaft einer Biberkolonie, und im Zentrum steht das Weibchen.«

An dieser Stelle macht er eine Pause … und verschlingt mich mit Blicken.

Jetzt stehe ich im Zentrum.

Um die seltsame Stille zu durchbrechen, sage ich, dass hier in der Nähe definitiv nirgendwo ein Biber haust. Er sieht mich an, fast schon zärtlich. So leicht lässt er sich nicht täuschen. Wir haben also was gemeinsam: eine eindeutige Schwäche für dieses wasserdichte Tier, aus dem früher Mützen gemacht wurden.

Pro Biber, der hier in der Gegend gefangen wurde, erhielten drüben in Europa achtzehn Leute eine neue Kopfbedeckung. Eine ganze Biberfamilie reichte für fast einhundert.

Kiloweise seidiger Pelz, der dem mäandernden Wasser entrissen wurde, um unfreiwillig über den Hügel von Montmartre zu spazieren.

Der barmherzige Bibermanager lächelt mir komplizenhaft zu und macht sich wieder auf den Weg.

Unten im Fluss steigen ein paar Luftblasen auf. Ein erleichterter Seufzer.

Zu neunt in unserem alten Haus überleben. Rhythmus, Geschmack, Platz und Sehnsüchte teilen. Sämtliche Erwartungen erfüllen, außer den eigenen. Seine Freiheit beschneiden und keine Ahnung haben, was man mit den gekappten Stücken anfangen soll. Sie runterschlucken, halb dran ersticken und sich dafür schämen, mit vollem Mund zu klagen.

Ich besuche den Einsiedler vom Berg.

Er lebt allein, abseits der Wege. Angeblich ist er dorthin geflohen, um unter den Stroben sein gebrochenes Herz zu flicken.

Mitten im Wald steht eine kleine Hütte, zweckmäßig und solide. Keinerlei Schnickschnack: vier Wände und ein Dach. Toïvo ist groß, stark und schön. Er hat einen weißen Bart und versteckt seine Haare unter einem Wikingerhelm mit zwei waschechten Hörnern, die in der Sonne blitzen.

Ich bin immer wieder erstaunt über die Macht der Liebe. Was sonst hätte einen so hünenhaften Mann in die Flucht schlagen können? Oder machte ihn erst der Kampf gegen diesen unaufhörlichen Schmerz zum Riesen?

Toïvo schwankt. Dann verkündet er mir feierlich, er habe getrunken und sei damit auch noch nicht fertig, weil er heute sein Rind schlachten müsse. Das gewaltige Tier schaut ihn an, als wisse es Bescheid.

Toïvo weicht seinem Blick aus und rechtfertigt sich: Er

müsse schließlich auch essen und durch die Jahreszeiten kommen.

Ein paarmal im Monat stellt ihm eine benachbarte Familie unten, am Fuß des Berges, Vorräte hin. Eine Überlebensgrundlage, für die er hinuntersteigt und die er anschließend systematisch in seinem Kühlschrank verstaut. Da sieht er mich zum ersten Mal aus leuchtenden Augen an. Jawohl: Er hat sich einen Kühlschrank gebaut, und als er ihn mir vorführt, stellt der Stolz einen Moment lang den Schmerz in den Schatten.

In einem tiefen Erdloch steckt ein zylindrisches Regal, das Toïvo mithilfe einer Kurbel hochholen kann. Die darin gelagerten Lebensmittel werden von der Kälte im Boden konserviert.

Nicht minder raffiniert hat Toïvo in den Fluss neben seinem Häuschen eine Mühle gebaut, mit der er seine selbstentworfene Waschmaschine betreibt.

Toïvo ist ein gut riechender Eremit.

Selbstbewusst streicht er mit den großen Händen über seine Erfindungen. Dass er niemanden braucht außer sich selbst, ist seine Rettung, seine Antwort auf eine schreckliche Verletzung, eine Frage der Ehre und seine Art, das letzte Wort zu behalten.

Außerdem ist er nicht allein. Dankbar deutet er mit einer ausladenden Geste seines langen Arms zum Blätterdach.

Dann bietet er mir einen Schluck Wodka an, bevor er die Flasche leert und mich bittet, zu gehen.

Er muss seinen letzten Freund töten.

So verlasse ich ihn, den großen, mutigen Riesen vom Berg.

Als ein Schuss fällt, wanken die Bäume mit zitternden Blättern.

Ein paar Wochen später erfahre ich, dass er weggezogen ist. Der Wald hat ihn verloren. Während er doch eigentlich in diesen unruhigen Zeiten den perfekten Helden abgab, der tapfer dem Fortschritt trotzte, zog er ausgerechnet in die Höhle des Löwen, in ein Altenheim, wohin man, wie jeder weiß, zum Sterben geht.

Heute sind Mary und er Zimmernachbarn. Der Wikinger und die Ukrainerin, König und Königin des Tals, essen Seite an Seite in einem kleinen, beigefarbenen Speisesaal, dessen Fenster auf einen Parkplatz hinausgehen. Sie reden nur wenig, schauen sich aber manchmal an. Sie haben noch nicht aufgegeben.

Sie kennen die Berge und die Stroben und den Fluss und den Wind und die Vergissmeinnicht.

Eines Tages werden sie zu ihnen zurückkehren.

Ich lasse mich vom Wald aufsaugen.

Spüre, dass ich zu diesem Boden dazugehören kann. Zu der Fläche zwischen zwei Bächen, der Biegung hinter dem Felsen, der aussieht wie ein Gesicht, zu dem Erdpfad, der sich zum Gipfel schlängelt.

Ich werde für alles durchlässig, das sich bewegt, das bebt. Aber nicht mein Kopf interessiert sich dafür, sondern mein Blut.

Der feuchte, süßliche Duft der Balsamtanne, der erdige, intensive Geruch der Eichen. Der perfekt phrasierte Tanz des Perlfarns, der seinem Namen – *onoclea sensibilis* – alle Ehre macht, wenn er mit seinen filigranen Zweigen in einer Welle von oben nach unten so elegant mit der Reglosigkeit bricht.

Alles ist gleichzeitig hauchzart und üppig. Ich lasse mich verschlucken.

Keine Haut mehr zwischen mir und den Bäumen.

Ich setze mich auf einen toten Baum, den das Unwetter aus der Erde gerissen hat. Die Berge sind zerfurcht von diesen gewaltigen Narben, wie lauter monumentale Kniefälle vor dem leisen Wüten der jüngsten Zeit.

Ein Wald ohne gerade Wege ist ein glücklicher Wald. Er gedeiht prächtig, wenn man im Zickzack zwischen den Bäumen und toten Stümpfen laufen muss, in denen neues Leben gedeiht. Salamandern und unzähligen Insekten bieten sie Unterschlupf und Nahrung. Ein toter Baum trägt genauso zum Lauf des Lebens bei wie ein lebendiger.

Das gilt auch für manche Menschen.

Mary ist tot. Ihr Sohn kommt und klopft an die Tür des Blauen Hauses, in dem er aufgewachsen ist. Inmitten der Kinder, der Musik und der Duftschwaden des köchelnden Essens, inmitten des Chaos und der gellenden Schreie der Lebenden wandert sein Blick über die Wände, streift, was von seiner Vergangenheit und dieser beherzten Mutter, die ihn eben erst verlassen hat, geblieben ist.

Er will nicht hereinkommen, bleibt stehen zwischen einem Schritt und dem nächsten, erstarrt vor dieser grausamen und doch so schönen Kluft, voller Schmerz. Mary ist in ihrem Pflegeheim gestorben, umgeben von Astronauten-Personal, das hinter seinen Visieren Anteil nahm.

Mary, die alles liebte, das wucherte und pulsierte. Mary, du Genießerin – erinnerst du dich an diese kleinen azurblauen Blümchen, die überall rund um dein hübsches Haus wachsen? Ich habe dich mal gefragt, wie sie heißen. Deine leuchtend blauen Augen gaben mir die Antwort, bevor es deine Stimme tat. *»Forget-me-nots. That's their name, Anaïs. Forget-me-nots.«*

Ich werde dich nicht vergessen.

Deine Vergissmeinnicht wachsen immer noch überall.

Und dank der langen Monate, die wir hier verbringen, entdecken wir all die Blumen wieder, die du gesät hast und die alles andere in unseren Leben verschluckt hatte. Deine Hand hat uns für immer eine florale Partitur vermacht, die das Haus umspielt und deren Musik wir langsam erlernen.

Die Kinder bestreuen ihr Essen mit den Blütenblättern deiner Goldmelisse, sie jagen die Nattern unter deinem Quittenbaum und suchen Schatten unter deinen Lupinen.

Dein Sohn muss wieder los. Er wird mit deiner Asche zurückkommen, die sich niederlassen wird, wo sie will auf dieser Erde, die dich bereits kennt.

Ich will meine Beinahe-Oma Janine besuchen. Sie soll nicht so allein sterben wie Mary, in ihrem Pflegeheim in Montréal. Aber ich darf nicht, Kontakte sind auf eine einzelne Person beschränkt. Also erzählt mir meine Mutter von ihren Besuchen unter vier Augen. Ihre sind verdeckt von einem Visier. Wie bei einer waschechten Eishockey-Torhüterin. Sie trifft Janine in zu großer Kleidung und offener Hose an. Sucht ihr erst mal etwas Ordentliches raus. Hilft ihr in die saubere Bluse, macht ihr die Haare, kämmt die feinen weißen Strähnen hinter die Ohren.

In Janines Zimmer hängen Fotos von uns, aber sie weiß nicht mehr, wer wir sind. Sie ist nicht traurig. Sie hat ihre batteriebetriebene Katze, die sie liebt und für lebendig hält und noch immer Albert nennt, wie den ersten und letzten Mann ihres Lebens.

Meine Mutter holt das Scrabble-Spiel raus. Die Torfrau gegen die Dame im geblümten Hemd.

Janine legt das Wort *Whiskey*. 144 Punkte auf einmal.

Hinter ihrer Maske muss meine Mutter schmunzeln. Eins zu null.

Janine sagt, es »ist schön hier, wirklich hübsch eingerichtet«, dass sie aber bald losmüsse, ihre Schwester warte sicher schon auf sie.

Sie glaubt, sie wäre der Gast. Meine Mutter ist vor allem beruhigt, dass sie das Pflegeheim schön findet. Fragt, ob es zu Hause, wo Pauline auf sie wartet, auch so schön sei.

»Ja, dort ist es auch schön«, sagt Janine.

Perfekt. So glücksbegabt zu sein.

Janines kleine kastanienbraune Augen erforschen das Gesicht meiner Mutter.

»Und wer bist du?«

Meine Mutter antwortet: »Ich bin deine Tochter.« Über diese wunderbare Nachricht ist Janine sehr erfreut.

»Ach ja?«

Meine Mutter deutet auf ein Foto von sich an der Wand. Janine ruft: »Du bist aber hübsch!«, bevor sie leise fragt: »Und wie heißt du?«

Genauso leise fragt meine Mutter zurück, was sie denn denke, wie sie heißt. Janine zögert, überlegt, und kommt drauf.

»Na, du bist doch Robert, oder?«

Meine Mutter kichert hinter ihrem Visier. Zwei zu null.

Janine weiß nicht mehr genau, wer meine Mutter ist, aber sie weiß, dass sie sie liebt und dass diese Liebe erwidert wird. Zwei zu zwei.

Als ich klein war, baute mir Janines Bruder, mein Groß-vater Marcel, ein Puppenhaus. Eins mit zwei Etagen und mehreren Zimmern. Wir holen es aus dem Keller hoch. Es riecht modrig, und von den Wänden blättert die Farbe. Vor den Fenstern hängen immer noch die kleinen Baum-wollvorhänge, die er vorsichtig mit den Fingerspitzen ange-bracht hat.

Ich stelle mir vor, wie er sie auf winzige Gardinenstangen auffädelt und über die Fensterrahmen klebt.

Mein Großvater Marcel war Maler. Er hat an der Hoch-schule für Möbelbau bei Paul-Émile Borduas studiert. Für seine Abschlussarbeit sollte er ein Einfamilienhaus mit zwei Kinderzimmern und einem großen Esszimmer entwerfen. Er hat es gezeichnet, aber nie gebaut. Seine Frau ging fort, und er auch.

Mein Puppenhaus ist das Haus, von dem er träumte, be-vor die großen Abschiede, bevor die Narben kamen.

Im Keller finden wir auch noch alte Tapete von Mary, mit kleinen verflochtenen roten und blauen Blumen. Wir zer-schneiden sie, um die Wände des Puppenhauses damit zu bekleben. Dann nehmen wir noch einen Eimer mit der rest-lichen Farbe vom Blauen Haus mit hoch und bepinseln da-mit munter die nackten Stellen.

Marcels Haus, das jetzt wieder fröhlich ist, stellen wir unter den Apfelbaum am Fluss. In seinem Vorgarten äsen die Rehe, und die Schnecken machen es zu ihrem Domizil.

»Da paaren sich zwei!«

Ein langes, faszinierendes Spektakel. Die Kinder nehmen davor Platz, sehr diskret in ihrer gelben Regenkluft.

Dass die Zusammenkunft der Schnecken so ewig dauert, liegt daran, dass sie heftig diskutieren. Sie sind beide fast vollständig aus ihren Häusern gekommen, sind unendlich verwundbar und zögern, welchen Teil sie dem anderen darbieten sollen. Denn Schnecken sind gleichzeitig männlich und weiblich. Beide Liebende können sich dem anderen entweder als Männchen offenbaren und Sperma absondern oder sich für ihre weibliche Seite entscheiden und Eizellen produzieren.

Tatsächlich hängt alles vom Partner oder der Partnerin ab, daher auch dieser zähe, aber für die eigentliche Paarung entscheidende Dialog.

Bei jeder Schnecke tritt das Männliche leichter zutage als das Weibliche, das sich schützt und dem anderen nur offenbart, wenn sie sich sicher fühlt. Gibt es in der Nähe weitere potenzielle Eroberungen, ist es wahrscheinlicher, dass das Männliche hervortritt und sich der weibliche Part für die bestmögliche Partie aufspart.

Die Tapete wellt sich. Der Regen prasselt auf die zwei Liebenden, die sich schließlich in Marcels Badezimmer unter den ermunternden Blicken der Kinder einig werden.

Mein Großvater Marcel hat mit zärtlichen Worten eher gegeizt. Vielleicht, um sich zu schützen. Vielleicht, weil solche Worte dauerhafte Breschen schlagen, Fenster zur Empfindsamkeit, die sich danach nur schwer wieder schließen lassen. Doch dann, als er dem Tod schon nahe war, besuchte er uns im Tal. Er war abgemagert, konnte kaum noch essen und nur schwer sprechen. Aber er wollte bei seinen Kindern und Enkelkindern sein.

Wir feierten ein Fest. Im Mittelpunkt er, gerade noch am Leben, umgeben von Kindern und Babys, und am Büfett Austern, weil er die so gern mochte.

Er sagte »Ich liebe dich« zu meiner Mutter, es war das erste Mal.

Er konnte zwar nicht mehr allein stehen, klammerte sich aber immer noch an seinen Pinsel wie an einen Rettungsring und begann um fünf Uhr morgens zu malen.

Dann schmiss er seine Farben auf die Leinwand, ungestüm und frech wie mit siebzehn.

Wenige Minuten vor seinem letzten Atemzug schob ihm meine Mutter seinen alten Freund, den langen Pinsel, zwischen die Finger. Er führte ihn ans Herz, bevor er sanft entschlief.

In meinem Haus hängt sein allerletztes Bild. Gelb, jung, grell.

Wir sind auf Stippvisite in der Stadt.

Mein Ältester transportiert auf den Knien sein wertvolles Paket: die versprochenen Flitschsteine.

Schweigend kehren wir in die menschenleere Stadt zurück, mit dem Gefühl, dass wir sie im Stich gelassen haben, und der Frage, ob wir sie je wieder lieben können.

Vor den Geschäften warten die Leute geduldig in der Schlange.

Wenn die Münder hinter Masken verborgen sind, stehen plötzlich die Augen im Zentrum: zwei Öffnungen ins Innere, die als Einzige von Abneigung, Ängsten und Zweifeln erzählen, die ganz allein Umarmung und Handschlag ersetzen.

Zwei hübsche Spiegel, zwei kleine Kommata, die auf eine Fortsetzung hoffen und für den gesamten Körper sprechen.

Ansonsten sind die Straßen wie leer gefegt.

Montréal ist auf der Hut, eingefroren in einer unbekannten Zeit. Meine Stadt ist traumatisiert. Schockstarr im Licht zweier Scheinwerfer, die allzu schnell näher kommen und nichts Gutes verheißen. Meine Stadt hat Angst, und ich auch.

Groß und schmal steht er am Fenster, das blonde Haar fällt ihm in Wellen bis zum Rücken. Seit Ewigkeiten wartet er, dass sie kommt.

Da, endlich! Die Kiste in den Händen, springt Loup seiner Lehrerin entgegen.

Trotz der zwei Meter Distanz kann er seine Freude nicht zurückhalten, sie füllt die Leere, wischt den Abstand weg, macht ihn obsolet. Loups Freude erobert die Welt im Sturm, und plötzlich erwacht die ganze Straße zum Leben: Nichts und niemand kann Kinderglück widerstehen.

Stolz überreicht Loup seiner Lehrerin das Geschenk. Jetzt muss sie nur noch einen passenden Fluss oder See finden.

Welch erfrischende Aufgabe, sie freut sich darauf.

Loup erzählt ihr von seiner erfolgreichen, abenteuerlichen Violinenkopf-Ernte, schafft es sogar, ihr zu sagen, dass er sie und seine Freunde vermisst, dass er das Lernen vermisst.

Er hat sämtliche *Harry-Potter*-Bände gelesen, manche zwei- oder dreimal. Derzeit entdeckt er die Memoiren von Pierre-Esprit Radisson für sich und befehligt im Tal die Ninja-Truppen.

Er lernt, am Rande seiner Abgründe zu balancieren, kennt sie, ohne sie zu verstehen. Er versucht, die Leere zu bezähmen, versucht, nicht vor ihr davonzulaufen, zu sehen, was gleich dahinter liegt.

Er würde so gern wieder zur Schule gehen, zu dieser Lehrerin, die für ihn Netze knüpft, um seinen Sturz abzufangen. Doch das ist unmöglich, und er kämpft die Tränen nieder, denn er ist ja schon groß. Sie lächelt ihn an: Sie glaubt an ihn.

Camille verschwindet wieder im Asphalt der Stadt, die Taschen voll neuer Steine.

Loup sieht ihr nach, so fällt er nicht in die Tiefe, ein kleiner Akrobat zwischen Kindheit und Jugend.

Ich stelle die drei Butterbrote vor den noch müden, schweren Köpfen ab. Die Augen noch immer verhüllt von diesem feinen Schleier, der sie vorm Tag bewahrt. Ich gehe zurück zur Arbeitsfläche, um die nächste Charge zu schmieren, und um die Kinder von hinten zu betrachten: ihre kleinen zarten Nacken, ihr strubbeliges Haar.

Am Anfang essen sie schweigend, dann erheben sich die Stimmen alle auf einmal und untermalen mit ihrem fröhlichen Stakkato den Sonnenaufgang über der Stadt.

Sie sprühen wieder und sind bereit, den Tag anzugehen.

Auf der Türschwelle kremple ich noch schnell eine Hose um, tupfe einen Mundwinkel sauber und flechte einen Zopf neu.

Ich erobere mir den Sinn dieser Gesten zurück.

Ich bestimme, wie großartig das Alltägliche ist.

Die Tür fällt gegen meinen Fuß, den ich dort, zwischen drinnen und draußen, stehen lasse.

Die Kinder stürmen Richtung Park, allen voran der Älteste: Bereit machen zum Entern!

Meine Tochter dreht sich noch mal nach mir um. Ich kann ihre Lippen nicht lesen, höre sie aber durch die Maske über alles hinweg schreien: »Mama! Du kannst es nicht sehen, aber hier drunter LÄCHLE ICH!«

Die Freude ist weitergegeben und wird mich überleben.

Meine Kinder entfernen sich, werden klein und doch immer größer.

Ich schließe die Tür zum veredelten Innenraum. Die allerschönsten Wunder sind alltäglich.

Manche Biologen sprechen von Bäumen als Individuen. Von einer individuellen Platane oder einer individuellen Weide. Aber laut dem Botaniker Francis Hallé ist der Begriff hier falsch.

Bei Tieren lässt sich selbstverständlich von Individuen sprechen, da sie, wie Menschen, unteilbar sind.

Einen Mann oder eine Katze kann man unmöglich in mehrere Teile zerlegen: Sie würden sterben.

Ein Baum aber ist teilbar. Ein und derselbe Baum kann in mehreren Bäumen gleichzeitig existieren. So wird er manchmal Hunderte, gar Tausende Jahre alt oder, in bestimmten Fällen, unsterblich. Ist er selbst zu alt, zu gebrechlich, tritt einer seiner Schösslinge die Nachfolge an, in dem er weiterbesteht, bis irgendwann ein Schössling des Schösslings übernimmt und so weiter.

Ein Baum ist ein lebendes, teilbares Wesen. Er ist zusammen eins.

Die Geschichte meiner Familie ist gewebt aus Abschieden. Auf beiden Seiten des Ozeans wurden Fäden gekappt, sind Menschen gegangen, ohne zurückzukehren, und haben bei ihren Nachkommen kleine Löcher hinterlassen.

Also spinne ich mir ohne Unterlass Bande. Zünde Feuer, damit es niemals Nacht wird.

Ich schaffe mir eine Konstellation von Magneten, die mich am Boden hält.

Ich treffe den Waldmann in einem braunen Motel an einer zu stark befahrenen Straße. Ich eile hinein, den Blick gesenkt zum orangefarbenen Teppich, der sich an all die dreckigen, gehetzten Schritte einander suchender Körper erinnert.

Das Zimmer ist klein, aus dem geöffneten Fenster schaut man auf eine massive Backsteinmauer.

Wir sind nackt in einer verlorenen Stadt.

Ohne Wald löst der Mann sich auf. Nichts mehr da, in dem ich schwelgen kann.

Ich gehe allein wieder hinaus. Über meiner Schulter ragt der Mont Royal in die Nacht und sieht mich fragend an.

Mit langsamen Schritten beginne ich den Aufstieg, lasse mir Zeit. Hunderte Male bin ich diesen Weg gegangen, aber dieses Mal ist anders, neu.

Ich begegne seinen Rotahornen, Zuckerahornen und Weißbirken, Eschen, Roteichen und Virginischen Hopfenbuchen, dem Weißdorn, den Späten Traubenkirschen, Hickorynuss-Bäumen, Grüneschen, Riesen-Thujen und Ulmen und komme oben an wie zu Hause.

Meine Stadt ist wach und funkelt trotz des Schmerzes.

Hinter mir liegt ein stressiger, zerhackter Tag in der Stadt. Das hatte ich lang nicht mehr. Auf dem Land verliefen meine Tage rund, und dieser hier, in Blöcke aufgeteilt, erinnert mich an mein früheres Leben.

Mein Taxifahrer, ein schlanker, eleganter Haitianer mit grau meliertem Haar, hat unterwegs kein Wort gesagt. Er bremst, bevor er über die »liegenden Polizisten« vor meinem gelben Haus fährt. So nennt man die Bremsschwellen auf Kreol. Hier, gegenüber vom kleinen Park, gibt es zwei.

Während ich nach Geld krame, sehe ich, wie er die Schultern senkt, wie sein Körper ein paar Etagen runterfährt und sich entspannt. Auf der Plexiglasscheibe zwischen uns liegt der Hauch eines Seufzers.

»Alles in Ordnung, Monsieur?«

Er dreht sich zu mir, um abzukassieren, entschuldigt sich sofort und senkt den feuchten Blick.

Das Lächeln, das sich über sein schönes Gesicht ausbreitet, kann ich nur erahnen.

»Die Kinder ...«

Er meint die spielenden Kinder im Park. Der Hort gegenüber hat seine Rasselbande zum Toben nach draußen geschickt. Zwei- und dreijährige Menschen, die kreischen, schreien, weinen, rennen, jeder ein kleiner Hammer, der den Nagel seiner Ankunft in die Erde rammt. Sie sind da. Ihr unvollkommenes Lied entfaltet sich in uns, ein Klangteppich aus Versprechungen.

Der alte Mann legt die Hände aufs Lenkrad, das abgenutzt ist von den vielen Fahrten, abgenutzt, weil es sein Halt war, um nicht zu fallen.

»Das tut gut.«

»Ja, das tut gut.«

Ich steige aus, und er bleibt noch eine Weile so sitzen, gönnt sich diese Dosis konzentrierter Lebenskraft wie einen rettenden Boost.

Überall im Park sind Menschen verstreut, die ich sehe wie zum ersten Mal. Sie sind neu. Breiten sich aus in diesen düsteren, unsteten Zeiten.

Auf einer Bank sitzen je an einem Ende ein Mann und eine Frau und brechen pausenlos in Gelächter aus, das sich mischt und miteinander verschmilzt.

Eine Familie hat eine Tischdecke auf die Wiese gelegt wie ein Floß und picknickt. In der Mitte ein kleiner Wonneproppen, der zum ersten Mal etwas probiert, und seine Eltern, die gerührt dabei zusehen, wie er zum ersten Mal etwas probiert.

Ein junges Mädchen. Ein Mädchen, das tanzt. Das alleine tanzt. Mit Kopfhörern auf den Ohren und in Kleidern, die an ihren Kurven, an ihren Wellen kleben; ihr üppiger Körper erobert sich den Raum voller Sinnlichkeit. Sie schließt die Augen, gibt sich ganz diesem glücklichen Widerstand hin, *groovt* gegen das Ende der Welt an und schert sich nicht um das, was stirbt.

Zu ihren Füßen, ein Wunder. Aus dem Beton sprießt Steinklee.

Wir driften ab.

Um nicht noch tiefer zu fallen, halten wir uns an das, was wächst.

Noch im Schlafanzug hocken die fünf Kinder vorm Hühnerstall.

Heutige Unterrichtsstunde: das Mysterium Huhn.

Die Tiere, die genau wissen, dass wir über sie reden, laufen neugierig um uns herum.

Sind Hühner intelligent?

Ein paar Jas, ein paar Neins. Meine hochinteressierte Klasse ist sich uneinig.

Soweit ich gelesen habe, können Hühner etwa achtzig ihrer Freunde wiedererkennen und auseinanderhalten.

Fünffaches Wow. Die Kinder sind aufrichtig beeindruckt.

Hühner haben einen Intelligenzquotienten zwischen 100 und 125. So in etwa wie ein siebenjähriges Kind.

Noé ist so schlau wie ein Huhn!

Die drei Kinder unter sieben sagen lieber nichts …

Aufmerksame, argwöhnische Blicke zu den pickenden Vögeln: Respekt.

Jetzt zu den Eiern.

Jedes Huhn produziert pro Tag ein Ei. Schon im Inneren des Tieres legt es eine kleine Reise zurück: Zuerst bildet sich das Gelbe, dann das Weiße und am Schluss die Schale. Wenn es einen Hahn gibt, kann er die Eizelle befruchten, und es kommt ein Ei mit Küken heraus. Falls nicht, ist das Ei essbar.

Die Kinder werden zappelig. Die Nase läuft, der Popo

kribbelt. Außerdem muss der platte Ball noch aufgepumpt werden.

Moment: Der Unterricht ist noch nicht beendet.

Kommen wir zur Anatomie des Huhns: Unterhalb des Schnabels liegt der Kehllappen; hinterm Kamm befindet sich das Ohrläppchen.

Das war's, jetzt habe ich sie verloren.

Sei's drum. Dann eben praktischer Unterricht. Hühnerstall säubern.

Die Stange ist besudelt, der Rest geht noch. Da drinnen verbringen die Hühner den größten Teil der Nacht, am Tag leben sie draußen.

»Und warum schlafen sie immer auf der Stange?«

»Weil Hühner früher mal Wildvögel waren, die erst vom Menschen domestiziert wurden. Nachts haben sie sich oben in die Bäume gesetzt, um vor den vielen Raubtieren am Boden sicher zu sein. Da Hühner nicht fliegen können, mussten sie sich auf Äste retten.«

»Aber Hühner auf Bäumen, das ist doch ewig lang her.«

Ich schaue in meine Notizen …

»Ja, circa sechstausend Jahre.«

»Dann schlafen unsere Hühner da oben, weil sie sich an die Gefahr erinnern und wie die Bäume sie gerettet haben?«

»Genau, ein uraltes Wissen sagt ihnen, dass sie besser hochsollten. Ein Instinkt, der seit Tausenden von Jahren weitergegeben wird.«

Bewundernde Stille macht sich breit. Selbst die Hühner wirken stolz.

Meine Tochter fragt, ob sie auch so was hat, ein uraltes Wissen.

»Doch, ja, ich glaube schon.«
»Und du auch, Mama?«
»Ja, ich auch.«
Irgendwo in mir habe ich ein uraltes Wissen.

Auf der anderen Seite des Wegs, zwischen Garten und Haus, flüstert die alte Eiche. In der Erde unter ihr ruhen die Samen künftiger Eichen. Manche stammen von ihren eigenen Zweigen und haben sich in ihre Erde gegraben, andere wurden hergetragen von Wind, Vögeln oder Eichhörnchen. Einige stammen also von ihr ab, andere nicht.

Unter der Erde erstrecken sich ihre Wurzeln. Sie sind kräftig und verteidigen brutal ihr Territorium, zerdrücken junge Keimlinge, um zu verhindern, dass sie im Schatten der großen Eiche wachsen.

Aber nicht alle. Denn die Eiche besitzt Familiensinn. Sie erkennt die Samen, die von ihren Ästen stammen, wieder, und ihre Wurzeln umrunden sie, mühsam, aber sorgfältig. Die Eiche beschützt ihre eigenen Kinder und zerstört die der anderen.

Seit ich denken kann, sammelt meine Mutter Mooskissen im Wald. Sachten Schrittes, den Weidenkorb überm Arm, geht sie von Stein zu Stein und entfernt vorsichtig ihre Hauben. Aus diesen macht sie kleine lebende Inseln, die sie im ganzen Haus verteilt, um sich in aller Ruhe darauf zu verlieren. Denn wenn sie will, kann meine Mutter winzig klein werden und auf ihnen spazieren gehen. Es überkommt sie manchmal, wenn alles andere zu ernst wird. Ich glaube, das ist eine recht sichere Art von Flucht.

Im 19. Jahrhundert beschloss der Universalgelehrte Alexander von Humboldt, alles in einem Werk zu vereinigen, *die ganze materielle Welt, alles, was wir heute […] von den Nebelsternen bis zur Geographie der Moose auf den Granitfelsen wissen.*

Waldmoos ist fünfhundert Millionen Jahre alt. Den Winter übersteht es, ganz seines Wassers entleert, durch Kristallisation, und findet, wenn das Eis schmilzt, zu seiner Form zurück, indem es sich mit dem Schmelzwasser vollsaugt.

Moos ist das Flechtwerk, das dem Boden ermöglicht, Boden zu bleiben, da es die reichen Regengüsse im Frühjahr aufnimmt.

Moos ist ein Wald in Miniaturform, lebendig und strukturiert.

Ganz ohne Wurzeln ernährt es sich direkt aus den Niederschlägen und speichert die darin enthaltenen Säuren und teils giftigen Metalle. So reinigt Moos den Regen. Und zwar so effizient, dass die New Yorker Stadtverwaltung sich an einer Flussmündung entschieden hat, lieber das dortige Gebirge und sein Waldmoos zu schützen, als eine Kläranlage zu bauen.

So viel Kraft hält meine Mutter in ihren Händen, die sammeln, was heil macht.

Der Nebel verhüllt die Berge, und der Fluss plätschert. Genauso wie gestern. Die Kinder erwachen aus ihrem Schlaf. Ein flüchtiger Blick nach draußen. Das Gitter vom Hühnerstall ist umgekippt.

»Wart ihr heute Morgen schon Eier sammeln?«

Ein Tagesbeginn, der inzwischen zur Regel geworden ist: kleine nackte Füße, die durchs feuchte Gras zum frisch gelegten Frühstück tapsen. Noch warme Eier, deren Größe verglichen wird. Leiser Stolz, dass sie mit den Tieren gemeinsame Sache machen.

»Nein.«

Ich stürze die Stufen hinab, stoße die Tür auf und nähere mich, mit einem Knoten im Bauch, dem Drama, das ich bereits erahne.

Weder Berge noch Nebel noch Fluss können den Moment, in dem ich es sehe, abmildern. Erst sind da nur Federn. Dann komplett abgerissene Flügel. Ein Huhn steht noch, reglos und still, das Gesicht zerfetzt. Wo die Augen waren, ist nur noch Blut, ein Rest vom Schnabel hängt runter.

Die anderen Hühner sind aufgeschlitzt, klaffende Bäuche, jetzt schon übersät mit Fliegen.

Es riecht nach Eisen. Nach warmem Blut, nach Fleisch.

Ich schreie.

Die Kinder rennen ans Fenster.

»Bleibt weg!«

Ihr Vater ist nicht da, seine starken Arme nicht, nicht sein Mut.

Die anderen, die Glücklichen, sind ebenfalls unterwegs: Ein paar Tage Luft holen, sich daran erinnern, wer man ist.

Barfuß renne ich die unbefestigte Straße entlang und rufe nach meinen Eltern.

Mein ganzer Körper zittert.

Das gesichtslose Huhn blickt mich aus einem halben übrig gebliebenen Auge an. Immer noch aufrecht zwischen den anderen, die Füße im eigenen Blut, legt es ein Ei. Ein warmes Ei, das seinen gerupften, verstümmelten Körper durchquert hat. Ich nehme ihm dieses grausame Geschenk übel.

Das Huhn kann kaum atmen, es kommt nur noch ein schwaches Röcheln raus, ein dünner Strahl Luft, der einen Weg findet. Meine Mutter liest mir vor, man solle die Wunden mit grüner Tonerde bestreichen. Die habe ich da.

Während ich die schwere, klebrige Masse schichtweise auf den Flügeln auftrage, hält mein Vater das letzte noch lebende Huhn mit beiden Händen fest. Es schließt sein Auge. Als hielte es sich vom Sterben ab.

Geschützt vor den Fliegen bette ich es im Haus in eine Kiste voll Stroh.

Dann schaufeln wir die Eingeweide weg. Ich habe den Geruch des Todes im Mund, er setzt sich in meiner Spucke fest.

Ich versuche, mir etwas einfallen zu lassen, das uns ablenkt und über das Drama hinwegträgt.

Mit meinem Ältesten lege ich Pfifferlinge ein. Ich will ihm seine Schuld entreißen. Sollte er das Gitter vom Hühnerstall offen gelassen haben, war es mein Fehler. Die Aussage bleibt mir im Hals stecken, aber er atmet leichter.

Erst im Garten Kräuter zupfen, dann Knoblauch in feine Stücke schneiden, alles drei Minuten in Apfelessig kochen und mit Olivenöl abdecken.

Nebenan holt das Huhn pfeifend Luft.

Ich kann seine Anwesenheit im Haus nicht ertragen.

Ich habe in Nablus, in Soweto und São Paulo Tote gesehen.

Aber ein entstelltes Huhn, das in meinem Wohnzimmer nach Luft ringt, überlebe ich nicht.

Wir müssen es töten.

Ich sage es den Kindern.

Die beiden Jüngsten weinen und protestieren. Der Älteste flüchtet sich in ein Buch.

Ich grabe ein Loch.

Mein Vater kommt mit seiner Axt.

Er nimmt mir die Aufgabe ab. Früher hat er seinem Großvater dabei zugesehen.

Es ist eine unermesslich liebevolle Geste.

Mein Vater ist so ein sanftmütiger Mann.

Ich gehe zurück zu den Kindern, um einen Blumenstrauß zu binden.

Sie waren die Einzigen, die die Hühner auseinanderhalten konnten.

Als mein Vater uns rausruft, zittert in ihren Händen ein Strauß Goldmelisse für Gourmandise.

Es ist vorbei.

Wieder Blut auf der Erde.

Kleine Füße, die hineintreten, auf dem Weg zum Loch.

Die anderen sind schon verscharrt. Aber Gourmandises orangefarbene Federn leuchten noch in der Sonne, lebendig und schön.

Meine Kleine schreit. Wir legen die Blumen ab. Bedecken den Vogel mit Erde, danach mit Steinen.

Danke für die Eier.

Ich drücke meinen Vater an mich. Sein Großvater, der auf der anderen Seite des Ozeans Hasen ausnahm, ist als Bezugspunkt ganz schön weit weg, ob nun in der Erinnerung, geographisch oder physisch.

Mein Vater hat meinem entstellten Huhn aus Liebe den Kopf abgeschlagen.

Dann lief es noch kurz herum, bevor es endgültig zusammenbrach.

In einem anderen Leben hätten wir es gegessen. Aber auf dem Land bin ich bloß Touristin.

Zu sensibel und hochgradig fragil.

Meine Eltern sind wieder gegangen.

Ich bleibe allein, in kleine Stücke zerbrochen, mit den Kindern zurück, schmiege mich an ihre schockstarren Körper.

Wir liegen einander in den Armen und gucken drei Disney-Filme hintereinander.

Wir sind ein Ganzes. Und der Tod mittendrin.

Der Steinklee, inzwischen getrocknet, hängt immer noch vor den Fenstern. Im Badezimmer vermischt sich sein Geruch mit dem von Kinderkacka, die ewig in der Kloschüssel schwimmt.

Die Blüten fallen ab und landen im Staub. Müde reiße ich die trockenen Bündel herunter. Am liebsten würde ich sie einfach wegschmeißen. Ich könnte sie einfach wegschmeißen. Ich bin es so leid.

Ich strande auf dem Wohnzimmerboden.

Doch ich will dieses Kapitel für meinen Sohn zu Ende bringen. Als er sieht, wie ich sorgfältig die Stängel abzupfe, setzt er sich dazu. Und alle anderen Kinder machen es ihm nach. Mit ihren kleinen Fingern befreien sie die Zweige von den Blüten, halten sich daran fest wie an lauter winzigen Rettungsbojen. Wir reden nicht. Wir kommunizieren.

Für eine Weile gerettet.

Bald darauf streuen dieselben kleinen Finger Steinkleeblüten auf unseren Kuchen.

Als sie ihn probieren, zergehen die vergangenen Monate auf ihrer Zunge.

Hermann beugt sich noch krummer, noch magerer, aber immer noch genauso stolz über seine Papiere.

Auf dem Fenstersims streift das Sonnenlicht ein altes Foto von ihm mit Angélique im Arm. Beide sehen jung und verliebt aus.

Entschieden schiebt er mir eine Zeichnung rüber: sein Grundstück, sein Wald, der sich über den gesamten Berghang erstreckt, seine Teichkette, seine bemoosten Wege, die Gewässer und die kleinen, mit feinem Strich darüber eingezeichneten Brücken.

Dieses riesige Königreich grenzt an das meiner Eltern. Hermann stirbt und will nicht, dass sein Land verunstaltet wird. Angélique will ohne ihn an diesem Ort nicht sein. Sie wird zu ihren Kindern in die große Stadt ziehen, ihr Herz woanders festmachen.

Hermann fragt, ob ich mich seiner Pfade annehmen will. Ob ich in seine Fußstapfen treten und mich um sein immenses, fragiles Land kümmern, es beschützen will.

Ja, ich will.

Langsam folgen seine langen Finger der Spur seiner Pfade auf dem Papier, einer von ihm selbst mit dem Bleistift angefertigten Karte.

Bei der ersten Brücke halten die Finger einen Moment inne, genauso bei der zweiten. Fast als würden sie kurz ins Wasser tauchen. Dann setzen sie ihren Weg fort zu dem majestätischen Oval aus Wiesen und Weiden, streichen an der

Rundung entlang, bevor sie wieder im Wäldchen verschwinden. Dort wo die Bäume anfangen, lege ich meine Hand auf seine.

Auf dem Papier verläuft die Baumgrenze fast gerade, eine Reihe wirbelnder Wipfel wie kindlich gemalte Bleistiftwolken.

In echt geht das Grasland dort in Wald über. Dort, wo sich der Himmel versteckt, geschluckt wird von Birken, Rotbuchen und Ahornen. Wo der Boden nach Humus und Moos riecht. Wo nachts die Frösche singen. Dort, am Saum des Teiches, wo die Rohrdommel zu Hause ist und das Reich der Gänse beginnt.

Ich erzähle ihm, dass das der Ort ist, an dem mein Liebster und ich uns zum ersten Mal geküsst haben. Wir zelteten auf der Wiese hinterm Roten Haus. Eine der allsommerlichen Camping-Partys. Aber das war die letzte. Vielleicht hatte ich von Anfang an in all den Zelten nur ihn gesucht.

An jenem Nachmittag machten wir auf dem Rückweg vom Schwimmen einen Abstecher durch den Wald hinter Hermanns Haus. Ich zeigte ihm, wo, bis heute, die Meisen, Spatzen und Turteltauben wohnen. Wir sammelten Blumen und die Kleidungsstücke vom Boden, die unsere Freunde, die schon vorgegangen waren, verloren hatten. Eine Socke, eine Badehose, ein Käppi, eine Schachtel Zigaretten: Hinterlassenschaften eines jugendlichen Däumlings.

Der Wald beschützte uns, und kurz bevor wir uns aus seinen Armen lösten, kurz vor der Sonne und den Blicken der anderen, küssten wir uns. Ich glaube, ich habe ihn gewählt.

Hermann weiß, dass ich lernen werde, sein Land zu lesen wie die längste, gefühlvollste und wichtigste aller Geschichten.

Unsere Finger fahren langsam weiter über die kleine Karte. Die Buchen scheinen im Wind zu schwanken und sich vor unserem Besuch zu verneigen.

Wir wandern im Gleichschritt über die Zeichnung, und als Hermann vor einem Baum haltmacht, warte ich still auf ihn. Doch er kommt nicht. Er bewegt sich nicht mehr.

Ich drehe mich um, und er ist verschwunden.

An seiner Stelle steht eine Rohrdommel, aufrecht wie ein langes S am Teichrand. Sie wird von einer plötzlichen Brise gestreift und reckt den Hals zum Himmel, ihr Schnabel eine Brücke zwischen Blau und Blau, und ihr gesamter Körper verschmilzt mit dem Sumpf.

Langsam wiegt sich der Vogel im Rhythmus seiner Umgebung. Nur Pflanzenaugen können ihn noch sehen. Hermann wird eins mit dem Land, das ihn erschaffen hat.

Am Ende der Straße höre ich Wendys Traktor tuckern. Ich stelle mich an den Rand und warte auf sie. Als sie auf meiner Höhe ist, bremst sie ein wenig ab, und ich gebe ihr ein Zeichen anzuhalten. Sie schaltet den Motor aus, und wir schauen uns einen Moment an, bis die Stille unangenehm wird.

In ihrem melodischen Akzent, den sie von ihrem Vater geerbt hat, erzählt sie mir, dass die Arbeit enorm sei, dass sie versuche dort weiterzumachen, wo Clark Kent aufgehört hat, »*but he was everywhere, so …*«

Sie sieht, wie ich sie in ihrem Traktor mustere, sie weiß, wie schwer es ist, das Bild zu ersetzen; das Erbe ist brutal. Aber ich finde sie schön. Und auch das sieht sie.

Auf ihr Mondgesicht tritt ein Lächeln, das die Sonne in den Schatten stellt.

Sie muss weiter, muss eine Geschichte fortsetzen.

Ich versuche mein Glück. Frage, woher ihr Vater die Steine zur Verstärkung der Hausfundamente nahm.

Jetzt starrt sie mich an, verstrickt in den Maschen des väterlichen Geheimnisses. »*I don't know.*«

Ich frage noch mal anders. »Ich weiß, dass dein Vater jeden der Steine, auf denen die Häuser in diesem Landkreis stehen, liebevoll ausgesucht hat. Aber meins hat inzwischen anderweitig Halt gefunden, und jetzt habe ich einen verwaisten Grabstein auf dem Gewissen.«

Ich gehe den Hügel hinauf zum Versteck der Kinder.
Sie befinden sich gerade mitten im Zweiten Weltkrieg. Die Achsenmächte fallen ein, und die Alliierten setzen mit Eichelgeschossen zu einem heftigen Gegenschlag an.

Mit dem Handrücken schiebe ich die Holzwaffen beiseite, unter denen Jeanne d'Arc begraben ist, und nehme sie in den Arm.

Die Kinder protestieren: Ich habe die Tür zum Kerker rausgerissen.

»Wo gehst du damit hin?«

»Ich bringe sie zurück dorthin, wo sie herkommt.«

Ein kleines gerodetes Rechteck im Wald, auf dem Gräber sprießen. Auf der einen Seite Katholiken, auf der anderen Protestanten. Selbst hier noch gespalten.

Die Kinder rennen wie wild durcheinander, ganz aufgedreht, den Toten so nah zu sein.

Mitten auf dem Friedhof suchen wir ein Grab.

Wie verschlissene Flaggen ragen die gut hundert Grabsteine aus der Erde. Sie fassen, so gut es geht, in wenigen eingravierten Wörtern ganze Leben zusammen.

Unsere unverschämt kraftvollen Körper stapfen im Sonnenschein über den Tod, in den Farben des Spätsommers stapfen wir über den Tod.

Ein paar Löwenzahnsamen fliegen auf mich zu. Ich puste sie kräftig an, und Jacquot zeigt mir den Weg: In der hintersten Reihe steht ein wackliger, nach rechts geneigter Grabstein. Er sieht nachdenklich aus.

Eine violette Flechte überzieht die Kerben der Buchstaben. *Royal Lamoureux, Gatte von Jeanne d'Arc.*

In der Lücke, der sich der Stein entgegenneigt, sind Blumen gewachsen. Glockenblumen, Ehrenpreis, Vergissmeinnicht, umrahmt von einem Band aus hohem Farn, dessen Wedel die Kinder um einen Kopf überragen.

Hier wächst uns alles über den Kopf.

Das Loch, das Jeanne d'Arc hinterlassen hat, ist von Pflanzen überwuchert, hat sich verwandelt in eine ausgefüllte, lebendige Abwesenheit.

Ich meine, überall auf dem Friedhof solch bunte Breschen zu sehen. Dutzende beraubter Gräber, deren Stelen irgendwo in dieser Region als Fundament fremde Leben stützen.

Ich lehne Jeanne d'Arcs Grabstein an den von Royal. Nun ruht sie in einem prekären Gleichgewicht zwischen ihrem Liebsten und der Erde.

»Kommt, wir gehen.«

Die Kinder johlen, als hätten sie etwas vom baldigen, gar nicht so fernen Ende begriffen. Sie schreien zu laut, lachen zu laut, werden zum irrationalen, puren Gebrüll, völlig verwirrt durch den Tod.

Ich bin erst ein paar Schritte entfernt, als Jeanne d'Arcs Stein von Royals Schulter rutscht, schwankt und zu Boden kippt. Prompt mache ich kehrt und helfe ihr wieder auf.

Zwischen den beiden geht ein leichter Wind, dazu der Blick auf die Vögel und ein Bett aus Farn.

Genau so lasse ich sie schließlich stehen.

»Wir gehen!«

Diesmal kommen die Kinder mit. Auf einmal feierlich und im Einklang mit der Vergänglichkeit. Im Vorübergehen winken sie ihrer zeitweiligen Verbündeten noch einmal zu.

»Mach's gut, Jeanne d'Arc. Bis bald.«

Irgendwelche Tiere haben hinterm Gemüsegarten die Überreste des Massengrabs ausgebuddelt. Waffenstillstand unmöglich: Die Wildnis gewinnt. Wieder sind die Leichen unserer Hühner auf dem Boden verstreut, und ihre rotbraunen Federn wirbeln im Wind wie ein Echo unseres Schmerzes.

Jetzt ist sie also da und prahlt mit ihrer frechen Feurigkeit.

Auf Zehenspitzen durchquere ich, was hier alles gewachsen ist, was ich gesät habe.

Vor allem Kürbis.

Am Ende eines Stängels glänzt, stolz und schrill, eine glattrote Chili.

Ich pflücke sie, schiebe sie in den Mund und beiße kräftig zu, dass die Schote zerplatzt und bis in meinen Rachen dringt, mir Zunge und Gaumen verbrennt und meinen gesamten Bauch erobert.

Was so brennt, sind weder das Fleisch noch die Kerne. Es ist die Plazenta im Inneren der Chili, an der die Kerne wachsen. Die Plazenta der Vogelaugen-Chili setzt meinen Mund in Brand.

»Warum weinst du, Mama?«

»Nichts, alles gut, ist nur die Chili.«

Ich kehre ins Haus zurück, in das die vertraute Sonne fällt.

Am Klavier sitzt der Mann meines Lebens und dreht mir den Rücken zu.

Die Tasten sind abgenutzt, manche fehlen komplett, die Musik kommt heraus wie ein einziger Klumpen, verstaubt und unschön. Zwischen den Saiten nisten Mäuse.

Der Rücken meines Mannes umspannt fünf Oktaven. Auf seinen großen, sanften Schultern hat er unsere drei Kinder von einem Ende des Landes zum anderen getragen.

Er lässt die Finger nicht über die Klaviatur gleiten, er taucht hinein. Spannt die Tasten vor seinen Karren und hält sich dran fest.

Dieser Mann dort durchschifft seinen inneren Tumult, und ich bin Zeugin seiner Rettungsmanöver.

In jeder Sekunde ist er ein Wunder, und in genau dieser will ich ihn nie mehr verlieren. Ich schiebe mich zwischen ihn und das Klavier und küsse ihn. Es fühlt sich heiß an und brennt.

Mein scharfer Speichel mischt sich mit seinem.

Ich liebe ihn und will mich bis ans Ende meines Lebens für ihn entscheiden.

Plötzlich fängt das Blaue Haus an zu ächzen. Über uns grollt der Tag. In den Lichtstrahlen, die durch die Wolken brechen, werden die Äste des Ahorns länger, dringen ins Haus, streifen unsere Haut.

Im Raum tost der Wind, die Decken bekommen Risse und fangen an zu bröckeln, unter unseren Füßen wächst Gras, und an unseren Wimpern perlt der Tau.

Wir verwachsen miteinander, und an unsere umschlungenen Körper klammern sich unsere drei Kinder wie Muscheln an einen Fels. Warmes, schweres Moos klettert unsere Beine herauf, setzt sich in jede Hautfalte und hüllt uns ein.

Durch unsere Adern fließt der Wald. Unsere fünf Herzen schlagen im Takt der Erde, im Takt mit dem Regen, der jetzt auf uns niederfällt.

Es gibt keine Türen und Wände mehr, keine Umrisse oder Grenzen.

Nur noch das Draußen, mit dem unsere Körper sich verflechten.

Wir sind zusammen, verwoben mit allem anderen, was lebt.

Verletzlich. Verwurzelt. Wundersam geheilt.

Danksagung

Ich danke allen Bewohnerinnen und Bewohnern des Tals.

Ich danke der *Maison d'Ariane* und den *Jardins de Métis,* Claudine Roy, Catherine Gagnon, Ludovic Jolicœur und dem Sankt-Lorenz-Strom für seine Schreibnischen.

Danke an Francis Hallé und Romain Bertrand für die Denkrichtungen und ihr Verständnis der Sinnenwelt.

Danke, Mélanie Vincelette, für dein Vertrauen und deinen Mut.

Danke all denen, die ich geliebt habe, und denen, die ich liebe. Ihr seid mein Land.

Nachweise

Das Kapitel über Noés Geburt, S. 45–48, erschien zuvor unter dem Titel ›Naître‹ in dem Sammelband *Dans le ventre,* herausgegeben von Elsa Pépin bei Éditions XYZ, Montréal.

Das Zitat auf S. 130 stammt aus dem Song *Hurt* der Band Nine Inch Nails. Er wurde von Trent Reznor geschrieben und erschien ursprünglich 1994 auf dem Album *The Downward Spiral* bei TVT Records und Nothing Records. 2002 coverte Johnny Cash den Song auf seinem Album *American* IV: *The Man Comes Around.*

Anissimov, Myriam: *Romain Gary, le caméléon.* Gallimard, Paris 2004.

Bertrand, Romain: *Le détail du monde: l'art perdu de la description de la nature.* Éditions du Seuil, Paris 2019.

Bischoff, Léonie: *Anaïs Nin im Meer der Lügen.* Aus dem Französischen von Desirée Schneider. Splitter Verlag, Bielefeld 2022.

Goethe, Johann Wolfgang: *Zur Farbenlehre.* Cotta, Tübingen 1810.

Hallé, Francis: *La vie des arbres.* Bayard Éditions, Montrouge 2011.

Haskell, David G.: *Das verborgene Leben des Waldes. Ein Jahr Naturbeobachtung.* Übersetzt von Christine Ammann. Verlag Antje Kunstmann, München 2015.

Humboldt, Alexander von: *Briefe von Alexander von Humboldt an Varnhagen von Ense aus den Jahren 1827 bis 1858.* Herausgegeben von Ludmilla Assing. F. A. Brockhaus, Leipzig 1860.

Lavalette, Philippe: *Un gamin de Paris* (Film), Abel Films 2007.

Morency, Pierre: *L'Œil américain: histoires naturelles du Nouveau Monde.* Boréal, Montréal 1989.

Morizot, Baptiste: *Manières d'être vivant.* Actes Sud, Arles 2020.

Onfray, Michel: *Le recours aux forêts: la tentation de Démocrite.* Galilée, Paris 2009.

Paré-Le Gal, Ariane und Le Gal, Gérard: *Forêt.* Éditions Cardinal, Montréal 2019.

Ponge, Francis: *Im Namen der Dinge.* Aus dem Französischen von Gerd Henninger. Suhrkamp, Frankfurt a. M. 1973.

Provencher, Jean: *Histoires naturelles.* Del Busso Éditeur, Montréal 2019.

Sartre, Jean-Paul: *Der Ekel.* Aus dem Französischen von Uli Aumüller. Rowohlt, Reinbek bei Hamburg 1983.

Thoreau, Henry D.: *Pensées sauvages.* Sélection de Michel Garnier. Le mot et le reste, Marseille 2017.

Thoreau, Henry D.: *Walden oder ein Leben in den Wäldern.* Aus dem Amerikanischen von Emma Emmerich und Tatjana Fischer. Diogenes, Zürich 1971/2015.

Valéry, Paul: *Dialogue avec l'arbre.* La part commune, Rennes 2017.

ANAÏS BARBEAU-LAVALETTE, 1979 in Montréal geboren, ist eine kanadische Filmregisseurin, Drehbuchautorin und Schriftstellerin, die auf Französisch schreibt. Ihr Roman *So nah den glücklichen Stunden (Suzanne)* war in Kanada und Frankreich ein Bestseller, wurde in viele Sprachen übersetzt und mit diversen Preisen ausgezeichnet. Sie lebt mit ihrer Familie in Montréal.

ANABELLE ASSAF, geboren 1986, ist Übersetzerin, Moderatorin und Literaturagentin. Sie übersetzt aus dem Englischen und Französischen, zuletzt Romane von Sheena Patel und Akwaeke Emezi. Sie lebt mit ihrer Familie in Köln.